Tonny Vos-Dahmen von Buchholz

Der Einzelgänger

Als die Nordsee noch Land war

Aus dem Niederländischen
von Wilhelm Niemeyer

Zeichnungen von
Kees van Scherpenzeel

C. Bertelsmann

Die Originalausgabe ist 1989
unter dem Titel »Verstoten« bei
Uitgeverij De Fontein bv/Baarn erschienen.

1. Auflage 1991

Aus dem Niederländischen von Wilhelm Niemeyer
Umschlaggestaltung: Klaus Renner unter Verwendung
einer Illustration von Alexander Schütz
Innenillustrationen: Kees van Scherpenzeel
Satz: IBV Satz- und Datentechnik GmbH, Berlin
Druck: Mohn, Gütersloh
ISBN 3-570-07981-3 · Printed in Germany

Inhalt

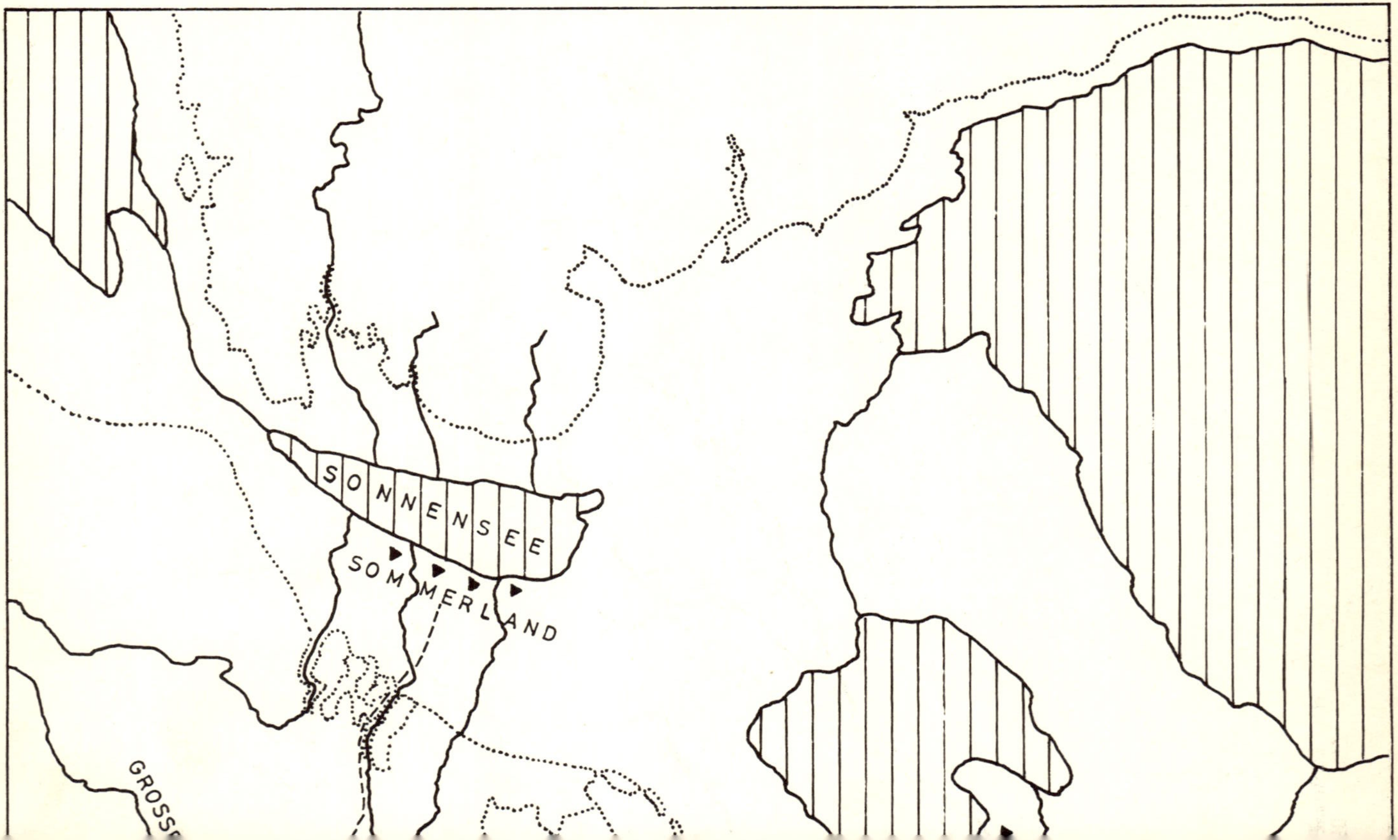
SONNENSEE
SOMMERLAND

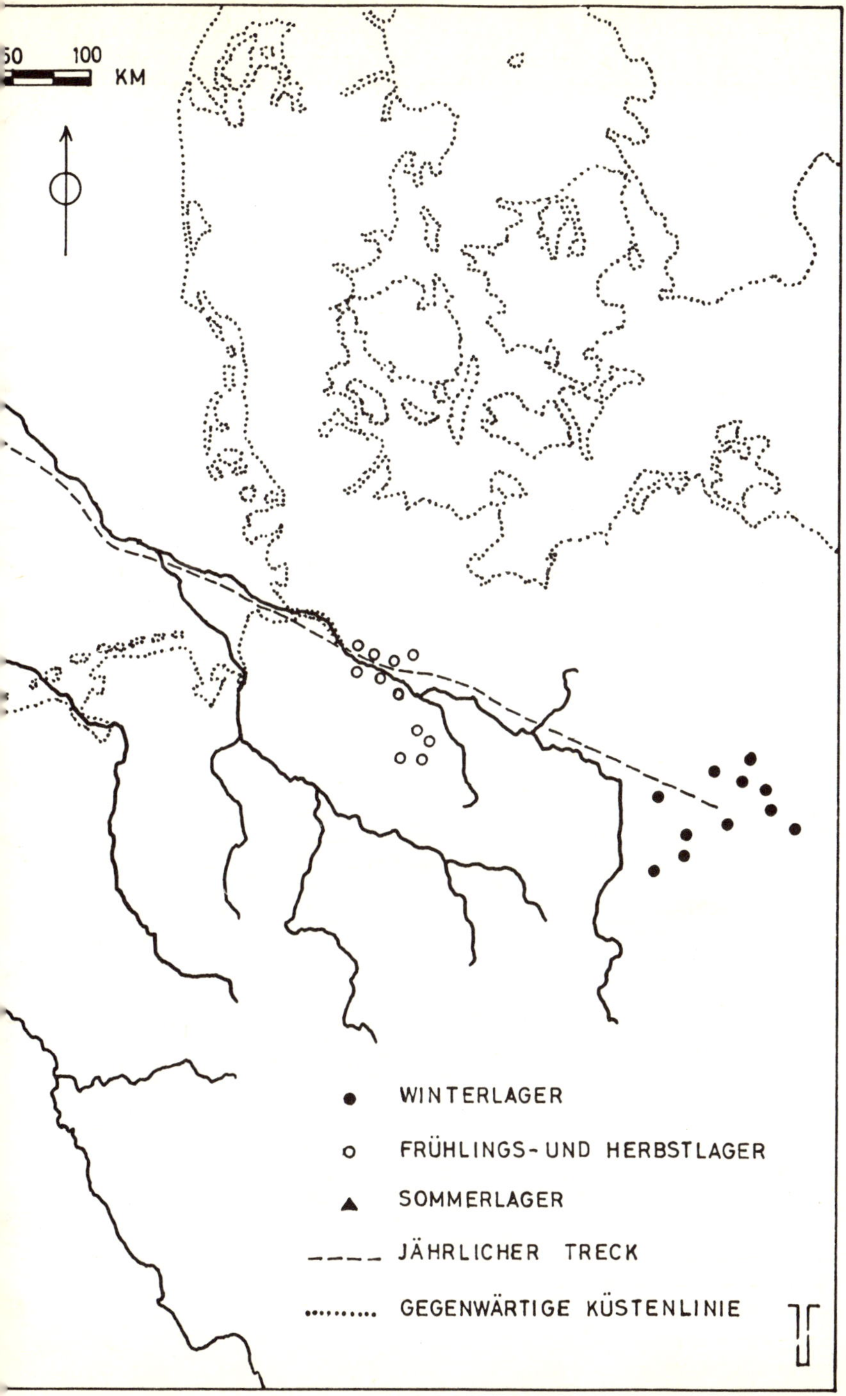

50 100
KM
WINTERLAGER
FRÜHLINGS- UND HERBSTLAGER
SOMMERLAGER
JÄHRLICHER TRECK
GEGENWÄRTIGE KÜSTENLINIE

Der Stamm der Rentierjäger dieser Erzählung besteht aus vielen kleinen Familienverbänden. Die Mitglieder einer Familie wohnen zusammen und gehen gemeinsam auf den Treck. Wenn zweimal im Jahr die wandernden Rentierrudel für eine Weile zusammentreffen (im Frühjahr für das Werfen der Jungen, im Herbst für die Paarung) kommen auch die Familien des Stammes zusammen. Danach gehen sie wieder auseinander, genau wie die Rentierrudel.

Personenverzeichnis

Var	– der Priester des Stammes; er begleitet eine Zeitlang die eine, dann die andere Familie
Bole	– Familien- und Stammesoberhaupt
Mare	– Boles Frau
Haja	– die älteste Tochter
Ake	– der älteste Sohn
Reffo	– der jüngste Sohn
Sian	– Familienoberhaupt
Ila	– seine Frau
Oena	– die älteste Tochter
Losse	– die jüngste Tochter
Orf	– jüngerer Bruder Sians
Niri	– Orfs Frau
Laki	– Der »Schnelle Laki« gehört zu einem anderen Familienverband desselben Stammes
Gorm	– »Der Bärentöter« gehört zu einem weiteren Familienverband desselben Stammes

Gorm

Der Schneesturm hatte den Jäger mit aller Macht überfallen. Der Hunger nagte an seinen Eingeweiden, und er wußte, daß er für die in dem langen Winter abgemagerten Angehörigen seiner kleinen Gemeinschaft etwas zu essen finden mußte. Deshalb verließ er die Höhle und drang in den Wald ein, ohne die Warnung des alten Mannes zu beachten, der beschwörend gesagt hatte: »Es kommt Schnee… ich rieche es!«

Er hatte seinen Köcher mit den Pfeilen und den Bogen geschultert, sein Messer aus Feuerstein in den Gürtel gesteckt, seine Harpune ergriffen und war gegangen – allein. Er liebte es, allein zu jagen. Aber die Götter waren ihm an diesem Tag nicht gut gesinnt. Die Fallgruben, die er zu Beginn des Winters gegraben und abgedeckt hatte, waren leer. Kein Tier hatte sich von der wirren Schicht der Zweige täuschen lassen, mit denen er die steilwandigen Gruben getarnt hatte. Nicht einmal eine Wühlmaus oder ein Marder.

Er ging von Grube zu Grube und kontrollierte zwischendurch auch die vielen Schlingen, die er im Unterholz ausgelegt hatte. Nichts!

Hin und wieder flatterte ein Schneehuhn aus einem Gebüsch auf, doch immer unerreichbar für seine Pfeile. Es schien, als sei die Welt ausgestorben. Es war eisig kalt, und gegen Mittag kam der Schnee, den der alte Mann vorhergesagt hatte. Der Wind verstärkte sich. Die weißen

Schleier wurden dichter und dichter, bis die wirbelnden Flocken jede Sicht nahmen. Nach kurzer Zeit bogen sich die Tannenzweige unter der weißen Last. An jeder Bodenwelle häufte sich der Schnee auf. Die Kälte wurde immer stärker. Und dann kam der Augenblick, in dem der Jäger nicht mehr wußte, wo er sich befand. Das war ein ganz ungewohntes Erlebnis, denn er kannte seine Umgebung ganz genau. Vor ihm tauchte eine dunkle Masse auf, eine Felswand. Sie würde Schutz gegen Sturm und Schnee bieten. Er arbeitete sich strauchelnd vorwärts und entdeckte in der Wand eine Grotte, die ihm einen Unterschlupf bieten konnte, bis der Schneesturm sich beruhigt hatte.

Im Windschatten klopfte er sich den Schnee von der Jacke. Sein Schuhwerk aus Rentierhaut, mit getrocknetem Gras ausgestopft, war wasserdicht geblieben. Er legte den Bogen und die Harpune auf die Erde und ging in die Hocke. Er war todmüde. Mit dem Rücken lehnte er sich gegen die Felswand und ließ sich langsam zu Boden gleiten. Nur wenige Schritte von ihm entfernt wirbelten die Schneeflocken. Der Anblick machte ihn schwindlig, alles drehte sich vor seinen Augen. Da er nun den eisigen Wind nicht mehr ertragen mußte, wurde ihm langsam wärmer. Noch immer wußte er nicht, wo er sich befand. Er blickte sich um. Obwohl er von Natur aus neugierig war, hinderte ihn die furchtbare Müdigkeit daran, aufzustehen und zu untersuchen, ob die Grotte gleich hinter ihm endete oder sich vielleicht noch weiter fortsetzte. Er hatte nicht den Eindruck, daß es sich um einen größeren Raum handelte. Zum logischen Denken war er nicht mehr fähig, vor seinen Augen tauchten nur noch zusammenhanglose Bilder auf und Momenteindrücke aus seinem Leben, die nichts miteinander zu tun hatten. Er versuchte sich dagegen zu wehren, aber vergeblich, er versank in einen tiefen Schlaf... Im Traum war er der junge Jäger, der vor fünf Wintern seine Einweihungsprüfung bestehen mußte. Und wieder hatte er die schwerste Aufgabe zu bewältigen: die Mutprobe der Einsamkeit. In allen Geschicklichkeitsaufgaben und den Mutprüfungen hatte er sich gut bewährt. Er war der Allererste unter seinen Altersgenossen. Nun standen ihm noch drei Tage und Nächte bevor, die er in einer tiefen Einweihungsgrotte zu verbringen hatte.

Sie führten ihn zu ihr hin und gaben ihm Nahrungsmittel für einen und Wasser für zwei Tage mit. Der alte Priester verband ihm die Augen und leitete ihn in den Berg hinein. Der Weg war lang und wechselte ständig die Richtung. Am Ziel nahm ihm der Mann die Binde von den Augen und reichte ihm, ehe er ihn verließ, eine brennende Fackel, damit er sich langsam an die Dunkelheit gewöhnen konnte. Nachdem die Fackel ausgebrannt war, mußte er in der stockdunklen Finsternis ausharren, bis er abgeholt wurde.

»Bleib hier, verlaß diesen Raum nicht«, schärfte der Priester ihm ein. »Laß dich nicht dazu hinreißen, den Ausgang zu suchen, denn den Weg dahin findest du niemals.«

Ausgelassen hatte er ihm zugerufen: »Bis in drei Nächten!«

Doch während er der Priester in dem dunklen Gang verschwinden sah, stieg schon ein Gefühl der Beklemmung in ihm auf. Aber er unterdrückte es sofort. Lächerlich! Er, Gorm, war doch wohl jeder Finsternis und Einsamkeit gewachsen!

Schon bald kam er zu der Erkenntnis, daß in Dunkelheit und Einsamkeit die Zeit keine Rolle mehr spielte. Er hatte keinerlei Empfinden mehr dafür, wie lange er schon in der Abgeschiedenheit saß, und auch nicht dafür, wie lange er noch auf seine Befreiung harren mußte. Ungeduld trieb ihn dazu, seine Nahrungsmittel gleich zu verzehren, nicht weil er in diesem Augenblick hungrig war, sondern weil er sich die Langeweile vertreiben und etwas zu tun haben wollte. Dann trank er einen Schluck Wasser aus dem Vorratssack. Es war nicht kalt in der Grotte. Er beschloß, es sich gemütlich zu machen und ein bißchen zu schlafen. Aber er war nicht müde und konnte keinen Schlaf finden. Langsam begann er zu verstehen, daß die Einsamkeitsprobe, über die er gelacht hatte, ganz und gar nicht lächerlich war. Er stand auf und ging in dem kleinen Raum hin und her. Dann tat er, was er nicht hätte tun sollen. Er schlug den Rat des alten Priesters in den Wind und machte sich an die Untersuchung des Gangs.

Ich gehe nicht weit, nahm er sich vor. Ich will nur sehen, wohin die beiden Gänge am Ende dieses Raumes führen. Erst nehme ich den Gang auf der linken Seite bis zu der Stelle, an der er sich wieder verzweigt. Dann gehe ich zurück. Danach nehme ich mir den zweiten Gang vor. Wenn ich in keine Abzweigung hineingehe, finde ich auf jeden Fall wieder zurück. So kann nichts schiefgehen!

Er trank noch einen Schluck aus dem Wassersack, band ihn zu und stellte ihn aufrecht an die Wand. Mit der Fackel in der Hand betrat er entschlossen den ersten Gang. Schatten tanzten an den Wänden, so daß es aussah, als sei er nicht mehr allein, sondern in Gesellschaft einer Reihe von Kameraden. Der erste Gang war ziemlich tief. Die Wände neigten sich immer dichter gegeneinander, so daß er schließlich nicht weiter konnte. Der Spalt war zu schmal. Bis hierhin also! Er machte kehrt, ging zurück und wandte sich dem zweiten Gang zu.

Im Gegensatz zum ersten wurde der zweite Gang immer breiter. Die Wände wichen zurück, das Gewölbe wurde höher und höher. Wieder tanzten die Schatten um ihn her, diesmal größer, weil sie mehr Raum hatten. Plötzlich endete der Gang an einer Wand, die nur eine schmale niedrige Öffnung nach rechts aufwies. Eine innere Stimme warnte ihn: Geh nicht weiter, kehr um! Aber seine unbezwingbare Neugier siegte. Schließlich konnte er sich nicht verirren, wenn er mal eben einen kurzen Blick in den Raum hinter dem schmalen Durchgang warf. Danach würde er dann bestimmt umkehren.

Der Durchgang war gut zehn Mannslängen tief. Gorm fühlte sein Herz lauter schlagen, als er sich Schritt um Schritt vorwärtsschob. Er atmete tief durch, nachdem er den Stollen durchschritten hatte und den dahinter liegenden großen und hohen Raum betrat. Er hob die Fackel hoch über den Kopf, damit der Lichtschein soweit wie möglich in die Tiefe fiel. Dann erstarrte er vor Schreck.

Vor ihm erhob sich ein gewaltiger Rentierbock, den Kopf mit dem furchterregenden Geweih etwas gesenkt, die vier Füße fest in den Boden gestemmt. Der Widerrist, die massiven Schultern, alles an dem Tier strahlte unbändige Kraft aus. Und da stand nun Gorm, ein Junge, nur vierzehn Winter alt, ganz allein, ohne Waffen. Die Hand, die die Fackel trug, zitterte. Der Lichtschein fiel über den Höhlenboden bis vor die Füße des Rentiers. Da lag ein Haufen Knochen, Schädel und Gerippe von Rentieren und Kleinwild. Das brachte ihn zur Besinnung. Er wußte nun, daß er in einer Opfergrotte stand, daß das gewaltige Tier vor ihm nicht aus Fleisch und Blut war, sondern eine Zeichnung auf der Grottenwand. Und er erkannte, daß er sich auf verbotenem Gebiet befand, in einem Raum, der nur von den Priestern betreten werden durfte. Als ihm das bewußt wurde, verschwand die anfängliche Erleichterung. Ihm wurde klar, daß er damit die Götter beleidigte, deren Zorn gefährlicher werden konnte, als der Kampf mit einem Rentierbock. Die Schatten und Lichtbahnen tanzten lebhaft über dem Bild an der Wand. Es sah aus, als ob das Tier sich bewegte. War das möglich? Gorm kehrte um und versuchte in panischer Angst, durch den engen Durchgang zu fliehen. Die Fackel prallte gegen die Steinwand, rutschte ihm aus der Hand, erlosch... Jetzt gab es nur noch die Dunkelheit, aus der die Angst auf ihn zukroch.

Schritt um Schritt, ganz auf seinen Tastsinn angewiesen, arbeitete sich Gorm zu dem Gang zurück, der zu dem Teil der Grotte führte, wo er seine Prüfungszeit hätte abwarten sollen. Es dauerte unbeschreiblich lange, bis er einigermaßen sicher war, sie erreicht zu haben. Er tastete sich mühsam an der Mauer entlang zu der Stelle, wo der Wassersack stehen mußte. Er hatte das Gefühl, als sei er nicht mehr allein, als sei er von irgendwelchen Wesen umgeben, von Schatten, die er nicht sehen und auch nicht fühlen konnte, die aber trotzdem da waren.

Plötzlich flatterte etwas dicht an seinem Kopf vorbei. Der Schrei, den er ausstieß, hallte im Echo vielfach wider. Er tat einen Schritt zurück, trat auf etwas Weiches, das nachgab, ein gluckerndes Geräusch war zu hören. Im selben Augenblick wurde ihm bewußt, daß er seinen Wassersack umgestoßen hatte, und daß das Wasser nun im Boden versickerte. Das Wasser, das ihn drei Tage und drei Nächte am Leben erhalten sollte...

An alles, was danach geschah, konnte er sich später kaum noch erinnern. Er wußte nur, daß es furchtbar gewesen war. Aber er war stark an Leib und Seele und überlebte die drei Tage Hunger und Durst. Aber als sie ihn dann abholten, sah er aus, als leide er an einer schweren Krankheit und sei knapp dem Tod entgangen. Und das stimmte auch mehr oder weniger. Sobald er hörte, daß sich der Priester näherte, nahm er sich mit einer enormen Kraftanstrengung zusammen. Er war gerettet! Sie kamen, um ihn abzuholen! Jetzt hatte er nur noch für eins zu sorgen: Er durfte sein Gesicht nicht verlieren, niemand durfte erfahren, was in dieser Prüfungszeit geschehen war.

»Ich habe meinen Wassersack umgekippt«, sagte er als einzige Erklärung dafür, daß es ihm so schlecht ging. Und dem Priester fiel in diesem Augenblick auch nicht auf, daß die Fackel nicht mehr in der Spalte steckte, in der er sie zurückgelassen hatte...

Zuerst war es ein Geruch, ein scharfer, unangenehmer Geruch, der sich langsam verstärkte und nicht in seinen bisherigen Traum paßte. In diesem Zustand zwischen Schlafen und Wachen fiel ihm dieser seltsame Geruch auf. Dann hörte er ein Geräusch. Es raschelte etwas hinter ihm. Er fuhr auf und spähte in die Dunkelheit. Wo die Grottenwand in einem Spalt endete, stand etwas Dunkles, das sich aufrichtete und auf ihn zukam.

Draußen schneite es noch immer. Gorm handelte instinktiv. Er griff nach der Harpune, die neben ihm lag, sprang auf... zu spät. Die dunkle Masse hatte sich schon in Bewegung gesetzt und stürzte auf ihn zu. Gorm hatte nicht mehr die Zeit, seine Waffe auf den Feind zu richten. Halb hatte er sich aufgerichtet, aber nun sackte er in die Knie und umfaßte in seiner Todesangst mit beiden Händen den Schaft der Harpune.

Der aus seinem Schlaf gestörte braune Bär wurde durch den weißen Wirbel der Schneeflocken außerhalb der

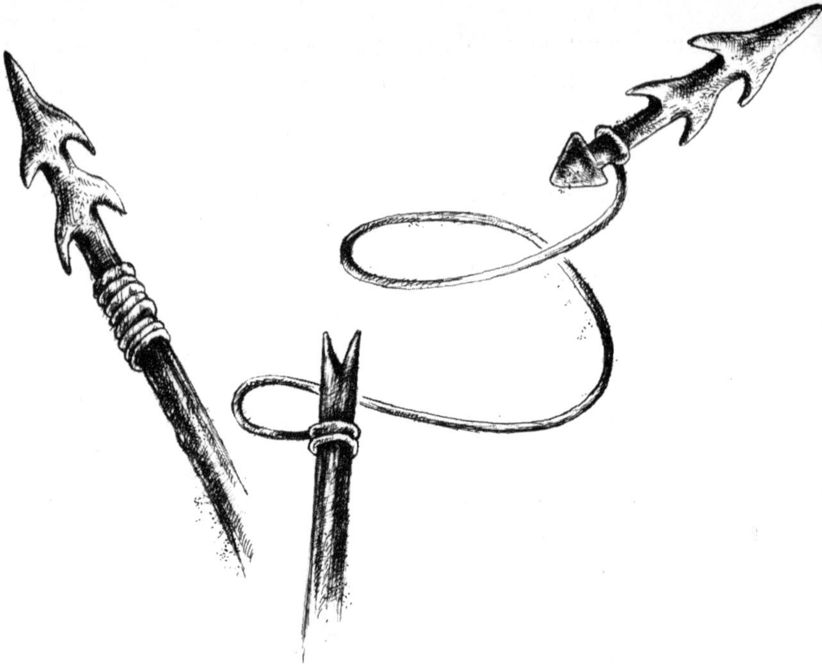

Grotte geblendet. Er betrachtete den Mann als eine willkommene leichte Beute – er sah die spitze Stange nicht, die ihm tief in den Bauch drang, als er sich auf sein Opfer fallen ließ. Das dicke Fell war für die Harpune kein Hindernis. Der Bär brüllte auf, fiel zur Seite und riß im Fallen Gorms Jacke mit seiner Pranke von der Schulter bis zum Puls auf. Der Mann fühlte, wie warmes Blut ihn überströmte. Von panischer Angst getrieben, kämpfte er sich unter dem Bären hervor. Der Harpunenschaft entglitt ihm, er rannte in die weiße Stille hinaus. Auch der vor Wut und Schmerz brüllende Bär richtete sich wieder auf. Die Harpune hatte ihn nicht töten können, aber sie behinderte ihn in seinen Bewegungen. Der lange Holzschaft, der mit einem Riemen an der knöchernen Harpune befestigt war, baumelte unter seinem Gewicht nach unten.

Als der Bär aus der Höhle stürzte, schlug ihm der Schaft gegen die Beine und blieb an dem Riemen hängen.

Gorm flüchtete zwischen die Bäume. Noch immer wußte er nicht, wo er sich befand. Eine dicke Schneeschicht verhinderte die Orientierung, und wegen der jagenden Flocken konnte er die Umrisse der Hügel nicht unterscheiden. Als ein geeigneter Baum vor ihm auftauchte, kletterte er hinauf. Er spürte einen stechenden Schmerz im Arm, der Schnee unter ihm färbte sich rot. Mit äußerster Kraftanstrengung arbeitete er sich zu einer sicheren Höhe hinauf. Sofort wurde ihm bewußt, daß der Bär ihm nachklettern konnte und er dann keinerlei Ausweichmöglichkeit mehr hatte.

Undeutlich sah er den dunklen Schatten, der nicht schnurstracks auf ihn zustrebte, sondern sich dem Baum in einer merkwürdigen Zickzack-Linie näherte.

Der Bär versuchte im Laufen die hinderliche lange Stange loszuwerden, die ihm andauernd gegen die Beine schlug. Dabei rüttelte er an dem Schaft, und das verursachte ihm jedesmal einen brennenden Schmerz im Unterleib, wo die knöcherne Harpune sich im Fleisch verhakt hatte. Als Gorm schon alle Hoffnung aufgeben wollte, weil der Bär den Baum beinahe erreicht hatte, sah er mit stummem Erstaunen, wie der Schneeberg neben seinem Baum zusammenbrach und der Bär mit einem wütenden Brummen in der Tiefe verschwand, eine Wolke von losem Schnee aufwirbelnd. Es dauerte eine Weile, bis Gorm begriff, was gerade geschehen war. Entsetzt erkannte er, daß er selbst, wenn er nur wenige Schritte weitergelaufen wäre, in die Tiefe gestürzt wäre. Eine durch die Schneedecke unsichtbar gewordene Fallgrube, in der nun der Bär verschwunden war.

Es hörte auf zu schneien. Die Hügel wurden sichtbar. Gorm wußte wieder, wo er sich befand.

Steif vor Kälte kletterte er langsam nach unten. Der Bär machte wütende Versuche, aus der Grube herauszukommen. Aber Gorm sah mit einem Blick, daß ihm das nicht gelingen würde. Er trat näher an die Grube heran. Nur mit seinem Feuersteinmesser bewaffnet konnte er gegen das gewaltige Tier nichts ausrichten.

Die Welt um ihn her blieb wunderbar hell durch den Schnee, aber der Himmel verdunkelte sich langsam. Er eilte zurück zu der Wohngrotte, um die Jäger zu holen, die ihm beim Töten des Bären helfen sollten. Er bewegte sich wie ein Schlafwandler. Noch hatte er sich nicht von dem Schrecken erholt. Aber sobald er in der Ferne die Wohngrotte erkennen konnte, veränderte sich seine Haltung. Das alte Selbstbewußtsein kehrte zurück. Niemand brauchte zu erfahren, daß er keineswegs ein Held gewesen war und daß der Bär nur durch ein Zusammentreffen glücklicher Umstände in der Fallgrube saß. Außerdem brauchte auch niemand etwas von der Angst zu wissen, die ihn gelähmt hatte.

Seine Familie begrüßte ihn mit großer Erleichterung. Sie verbanden ihm den verwundeten Arm. Durch die plötzliche Wärme und die Entspannung versank er in Bewußtlosigkeit. Die Männer zogen ohne ihn aus, sie folgten seiner Spur im Schnee, erreichten die Fallgrube und setzten mit sechs Harpunen dem Leben des Bären ein Ende.

Gorm blieb für die Gruppe der »Bärentöter«, der Mann, der ganz allein einen Bären aus nächster Nähe angegriffen und in die Fallgrube gelockt hatte. Aber Gorm wußte im Innern natürlich, daß er ihre Bewunderung nicht verdiente, daß er nicht besser und nicht mehr war als die anderen Männer der Gruppe. Trotzdem ließ er sich den Ehrennamen gern gefallen und auch die Achtung, mit der sie ihn behandelten.

Gorm, der Bärentöter, hatte in seiner Gruppe einen Platz errungen, auf den er kein Recht hatte. Würde das jemals ans Tageslicht kommen?

Oena

Am Nordrand eines Felsmassivs, vor dem zwei Flüsse zusammenströmten, bereitete sich eine Gruppe Rentierjäger auf den Frühjahrstreck vor.

Neunundzwanzig Menschen gehörten zur Gruppe, Männer, Frauen und Kinder, eine Familie im weitesten Sinn.

Wegen ungewöhnlich später Schneefälle waren sie länger als sonst in der sicheren Grotte geblieben, doch nun deutete die fieberhafte Geschäftigkeit darauf hin, daß der Treck bald begann.

Oena, die sechzehnjährige Tochter des Familienoberhaupts Sian, nähte Häute für ein kleines Zelt zusammen, das einigen Gruppenmitgliedern unterwegs als Unterkunft dienen mußte. Sie nähte mit Sehnen und einer knöchernen Nadel und stach sich beim Durchbohren der harten Rentierhäute die Finger wund. Um das Feuer herum, das unangenehm qualmte, saßen ihre Brüder und verarbeiteten die Feuersteinstücke zu Schaftspitzen, Bohrern, Kratzern und Stechern. Ihr Großvater schnitzte sorgfältig an einer Harpune aus Rentiergeweih.

Oena freute sich auf das Frühjahrslager am großen Opfersee. Sie war in dem langen Winter mager geworden. Aber jetzt lag der Frühling schon in der Luft. Das Gezwitscher in den Tannen und Birken zeigte deutlich, daß der Vogelzug aus den wärmeren, südlichen Gebieten begonnen hatte. An den kahlen Birkenzweigen schwollen die Knospen, es konnte nicht mehr lange dauern, bis die zartgrünen Blättchen sich von der weißen Rinde abhoben.

Oena legte das Nähzeug hin und stand auf. Vom hochgelegenen Grotteneingang blickte sie hinaus über das Tal und die Flüsse. Gerade sah sie noch, wie eine Wildkatze, deren Schwanz wie eine Peitsche durch die Luft schlug, blitzschnell in einen Baum sprang. Ein stolzes Schneehuhn, durch den Sprung aufgeschreckt, flatterte ins Unterholz. Seine weißen Federn zitterten im Wind. Oenas scharfe Augen erkannten in der weißen Landschaft die dunklen Flecken, die sich an den Wasserläufen entlang vorwärtsbewegten, es waren die ersten Rentierkühe auf dem Weg zu den Kälberweiden. Aus allen Richtungen würden ihnen noch viele folgen, Dutzende, Hunderte.

Beim Opfersee, wo jedes Jahr die Rentierherden zusammenströmten, weil dort die Jungen geworfen wurden, sammelten sich die verschiedenen kleinen Gruppen der Rentierjäger des Stammes im Frühjahrslager. Endlich war die Vereinzelung der Grüppchen beendet. Freunde und Bekannte trafen sich, sie tauschten Erfahrungen aus und knüpften neue Verbindungen. Die Zeit des Überflusses begann. Wo so viele Rentiere zusammenkamen, war die Jagd immer besonders erfolgreich. Die Männer bereiteten sich schon darauf vor.

Oenas Brüder waren dabei, die neuen, von dem alten Mann haarscharf geschliffenen Harpunen an den langen Schäften zu befestigen. Diese Schäfte waren der kostbarste Schatz, denn sobald die Jäger das Gebiet des Tannenwaldes verließen, befanden sie sich in einem flachen Gelände, wo nur noch wenige Bäume wuchsen, die brauchbares Holz lieferten. Zerbrochene Pfeilspitzen aus Feuerstein und knöcherne Harpunen waren dann wohl noch zu ersetzen und zu reparieren, aber hölzerne Schäfte mußten stets wieder zusammengefügt, bearbeitet und hergerichtet werden. Deshalb lag an der Wand der Höhle ein Stapel langer kräftiger Stangen, die die Jungen als Reserveschäfte für den langen Treck gesammelt hatten.

Hinter sich hörte Oena ihren Vater sagen: »Schnee oder kein Schnee, ich warte nicht länger, morgen abend brechen wir auf.«

Jemand rief: »Oena, du mußt dich langsam etwas beeilen, sonst liegst du übermorgen ohne ein Dach über dem Kopf im Schnee.« Oena lachte und setzte sich wieder an die Arbeit. Sie dachte an die Rentiere, die sich, nachdem es jetzt wieder geschneit hatte, morgens bei der Nahrungssuche die zarten Nasen an der gefrorenen Schneeschicht wundscheuerten. Wegen des Schnees waren die Jäger gezwungen, nachts weiterzuziehen, wenn der Boden gefroren war. Ihre Lasten ließen sich dann viel besser tragen als tagsüber, wenn sie in Tauwasser und Schlamm versanken. Während Oena die Häute zusammenähte, hatte sie genügend Zeit, an dies und jenes zu denken. Sie freute sich auf die Feste in dem großen Lager, auf die Begegnung mit den Freunden, die sie nur dort traf, zweimal im Jahr beim Frühlings- und beim Herbstlager. Laki würde dasein, der Schnelle Laki, der beste Schnelläufer seines Stammes. Und auch Gorm und Ake... Wie sahen sie wohl jetzt aus? Sie wußte, daß es nicht mehr lange dauerte, bis ihre Freunde eine Frau suchen würden, um eine Familie zu gründen. Sie sah sie in Gedanken vor sich. Wen würden sie nehmen? Mit wem würden sie ein Paar bilden? Und wer von den jungen Männern würde sich wohl für sie entscheiden?

Eben fiel ihr Haja ein, die hochmütige Haja, die älteste Tochter des Häuptlings Bole. Ob sie es wohl immer noch darauf anlegte, die Aufmerksamkeit Gorms auf sich zu lenken? Und würde Gorm dafür empfänglich sein?

Haja war schön. Ganz gewiß! Sie hatte prachtvolles blondes Haar und große blaue Augen unter dunklen Brauen. Aber die Augen waren kalt und berechnend. Die Frauen mochten sie nicht, das war deutlich zu merken. Aber Oena war nicht entgangen, daß die jungen Männer ihr oft nachblickten.

Oena stach die knöcherne Nadel schneller durch die Löcher im Fell und versuchte, nicht mehr an Haja zu denken.

Neben ihr arbeitete Sian an einem Rentiergeweih, aus dem ein Beil werden sollte. Orf, Sians jüngerer Bruder, schnitzte Pfrieme aus Knochen und achtete auf seine beiden Söhne, die Pfeilschäfte bearbeiteten.

»Haben wir genug Vorräte?«

»Wir haben niemals genug, wenn es darauf ankommt.«

Ja, das war richtig. Die baumlose Ebene hatte ihre Nachteile. Aber das Sommerland bot auch manches Gute. Oena liebte die freie Aussicht in alle Himmelsrichtungen, die Weite, die Klarheit, die Gräser und Blumen, die dieser Welt Farbe verliehen. Es war gut, daß jetzt wieder der Treck begann.

Draußen wurde es früh dunkel. Kam noch mehr Schnee? Die Abenddämmerung senkte sich auf das Land, und einige Windstöße jagten die schweren Wolken auseinander. Am Himmel stand ein blasser Mond, und am Waldrand heulte ein einsamer Wolf, lang und kläglich.

Der letzte Tag in der Grotte war dem Essen und dem Schlafen gewidmet. Oena lag in ihrem Schlafsack und ließ die Augen über die Wände der ihr so vertrauten Behausung wandern. Wenn die Sonne morgen über dem Hügelland aufging, würde Stille über dem Platz herrschen, an dem die Gruppe den Winter verbracht hatte, Stille, bis die Herbststürme den neuen Winter ankündigten und Sians Gruppe wieder in der dunklen Behausung Schutz gegen Kälte und wilde Tiere suchen würde. So war es gewesen, seit Oena sich erinnern konnte: Die Grotte war der einzige feste Wohnplatz im Kreislauf der Jahreszeiten. Oena fielen die Augen zu. In der behaglichen Wärme träumte sie vom Sommerland, von der Ebene voll blühender Blumen und Kräuter, von langen Tagen und viel Sonne.

Die Dämmerung stellte sich früh ein. Sian gab das Zeichen zum Aufbruch. Alle in der kleinen Gruppe wußten, was sie nun zu tun hatten. Jeder übernahm die Last, die ihm zugewiesen worden war. Im langsam dunkelnden Abend machten sie sich auf den Weg. Jeder trug neue Fußbekleidung aus Rentierhaut, das Fell nach außen gekehrt. Das verhinderte das Ausrutschen auf dem gefrorenen Schnee. Die Füllung aus getrocknetem Gras hielt die Füße warm.

Es wehte ein scharfer Ostwind. Sian sorgte dafür, daß seine Leute das Tempo hielten. Niemand klagte, auch die Kinder nicht. Die Mütter trugen die Allerjüngsten warm eingepackt auf dem Rücken. Nur die kleinen Köpfe, durch Marderfell gegen die Kälte geschützt, ragten aus dem Tragkorb heraus. Die schaukelnde Bewegung wirkte einschläfernd.

Oena und ihre Schwester Losse gingen nebeneinander.

Hin und wieder wechselten sie einige Worte, im allgemeinen wurde unterwegs wenig gesprochen. Nach der ersten halben Nacht hielt der Treck an und legte bei einem Feuer eine Pause zum Ausruhen und Essen ein.

Erst als es im Osten heller wurde, gab Sian den Befehl, die Fellzelte aufzustellen. Dicht zusammengedrängt verbrachte die Gruppe den ersten Tag am Ufer des Flusses, der gegen Norden strömte.

Der Treck dauerte sechs Nächte. Obwohl es noch jede Nacht fror, schmolz der Schnee über Tag wieder. Es wurde langsam wärmer. Gegen Abend des siebten Tages erreichten sie das große Sammellager am Opfersee.
Als sie aus den dichten Tannen heraustraten, sahen sie es vor sich. Es lag in einer Senke, die bis auf einige Birkenbüsche kahl vor ihnen lag. Ein Rentierschädel mit einem schweren Geweih wiegte sich in dem starken Wind auf einem hohen Pfahl hin und her. Rund um den See herrschte rege Betriebsamkeit.

Am Rand des etwas höher gelegenen Waldes hielt Sian mit seiner Gruppe einen Augenblick an. Am Ufer entlang hatten sich noch viele nackte Pfahlgestelle der Unterkünfte vom letzten Lager erhalten. Jede ankommende Gruppe legte Wert darauf, wieder den eigenen Platz zu besetzen.

»Da!« Orf hob die Hand. Dicht beim Birkenwäldchen erkannten sie den angestammten Platz wieder. Die Pfähle, die die Hüttengestelle bildeten, standen noch. Nur ein einziger war geknickt oder vom Sturm umgerissen worden. Sie eilten jetzt zu ihrem Platz. Unterwegs winkten sie Bekannten zu, die alle damit beschäftigt waren, ihre Lager einzurichten. Die zusammengenähten Häute, die über die Hüttengestelle gestülpt werden mußten, wurden von den Tragschlitten genommen und aus-

gerollt. Mit vereinten Kräften stemmten sie die schweren Fellhüllen über die hölzernen Pfosten und zurrten sie mit Lederriemen fest. Ohne daß jemand ein Wort sagen mußte, holten die Mädchen Wasser aus dem See, sammelten Reisig und packten die zusammengeschnürten Lasten aus. Auch die Jungen schufteten mit bei der Errichtung der drei Unterkünfte. Erst mußte man ein Dach über dem Kopf haben, dann kam das Ausruhen und das Ausschauhalten nach den alten Freunden. Niemand drückte sich vor der Aufgabe, die als erste erledigt werden mußte.

Eine wäßrige Sonne hellte das Lagergebiet auf. Sian und Orf besserten die Schäden an den Hüttengerüsten aus. Das war zum Glück nicht schwierig. Die Schlafbank an der Wand von Sians eiförmiger Hütte war an einer Seite eingesunken, und in Orfs Hütte war einer der Pfähle umgeknickt, zwischen denen der Vorhang gespannt werden mußte. Alles andere war noch in Ordnung. Die Frauen knoteten die Fellbespannung an den hölzernen Ständern fest. Das war eine mühsame Arbeit. Ila, Sians Frau, hatte im Winterlager eine große Menge von kurzen Lederriemchen vorbereitet, die durch die Randlöcher der Bespannung gezogen werden mußten. Auf diese Weise verlor man nun keine Zeit mit der Suche nach Befestigungsmaterial.

In kürzester Zeit waren drei brauchbare Unterkünfte für die Gruppe hergerichtet. Ein Teil des Reisigs diente als Bodenbelag für die Hütten, und Ila und Niri, Orfs Frau, breiteten darüber die Rentierfelle aus, um die vom Boden aufsteigende Kälte abzuwehren.

Losse und Oena bedeckten die Bettbänke mit den dafür bestimmten Häuten. Bevor es Abend wurde, war die Unterkunft für die ganze Gruppe gesichert. Nun stoben die

Jungen fort, um in den Hütten am See ihre Kameraden aufzusuchen. Sian und Orf legten ein Feuer an. Die Kleinsten schliefen schon lange auf der Bettbank, als endlich auch die Älteren ihre Freunde aufsuchen konnten.

Nach wenigen Tagen waren alle Lagerplätze besetzt. Hunderte von Menschen hatten ihre Plätze wieder in Besitz genommen. Gruppen, die sich neu gebildet hatten, fällten Birken, um sich eigene Langzeithütten zu bauen. Es waren stabile Unterkünfte, zwar nicht so geräumig wie die Wintergrotten, aber viel gemütlicher. Auf den Bettbänken an den oval oder rund gezogenen Wänden schlief und saß man viel angenehmer und vor allem wärmer als auf dem Boden.
Die meisten Jägerfamilien unterhielten ihre Feuer vor dem Eingang, einige hatten aber auch ein abdeckbares Loch im Dach gelassen, damit der Rauch des Feuers aus dem Innenraum abziehen konnte.

In Sians Hütte gab es solch ein Abzugsloch. Beim Schein des Feuers konnte, wer wollte, noch lange nach

Sonnenuntergang die begonnene Arbeit fortsetzen. Am Tag suchten die Jungen Feuersteinbrocken auf den Kiesbänken der Flüsse, um den Vorrat aufzufüllen. Vor dem Zug ins Sommerland mußte der Vorrat an Geräten unbedingt ergänzt sein. Späher zogen jetzt aus, damit man ganz genau erfuhr, wo die Rentiere sich aufhielten. Für die Frauen war es eine ruhige Zeit. Die anstrengende Arbeit begann für sie erst, wenn die Männer mit der Jagdbeute heimkamen.

Oena suchte gerade am Ufer schöne runde Steine, die für die Schleudern gebraucht wurden, da sagte hinter ihr eine bekannte Stimme: »Willkommen am See!«

Sie richtete sich aus der gebückten Haltung auf, eine leichte Röte färbte ihre Wangen.

»Gorm, ich wußte gar nicht, daß ihr schon hier seid.«

Er hatte sich verändert, das sah sie sofort. Er war nicht nur größer und breitschultriger geworden, es gab in seiner gesamten Haltung etwas, das er früher nicht gehabt hatte. Etwas Respektgebietendes. Ihr Blick fiel auf die Kette, die er trug, eine Kette aus Bärenzähnen. Nur Männern, die einen Bären getötet hatten, war das Tragen einer solchen Kette gestattet. Oder irrte sie sich, waren es vielleicht Zähne eines anderen Tiers?

»Ich dachte gerade, daß deine Kette aus Bärenzähnen sei. Welches Tier hast du getötet, Gorm?«

Er betrachtete sie etwas von oben herab. Und er genoß die Wirkung seiner Worte, als er wie nebenbei sagte: »Das hast du richtig erkannt. Es ist noch nicht lange her, daß ich einen Bären getötet habe.«

Sie erstarrte fast vor Erstaunen. »Wart ihr zu vielen? Erzähl mal, wie ihr das fertiggebracht habt.«

Er lächelte. »Ich habe ihn mit meiner Harpune verwundet und danach in eine Fallgrube gelockt. Ich war allein.«

Sie war nicht die erste Frau, die er mit dieser kurzen Bemerkung beeindruckte. Er wußte genau, wie man das machte.

»Es kam uns wie gerufen, so kurz vor dem Frühjahrstreck. Das Bärenfell eignet sich prächtig als Schlitten. Wir haben es unterwegs gut nutzen können.«

Ehe sie sich von ihrer Überraschung erholen konnte, hob er die Hand zum Gruß. »Ich sehe dich bestimmt später noch.«

Sie sah ihm voller Hochachtung nach, als er nun zum Wald hinüberging. Er war also ein Mann, der einen Bären getötet hatte, ganz allein! Gorm hatte sich zu einer wichtigen Persönlichkeit entwickelt. Zu wichtig für sie? Eher geeignet für die Tochter eines Häuptlings? Oenas fröhliche Stimmung war verschwunden.

Nach einigen Tagen mit gutem Wetter veränderte sich der Himmel. Es brach ein Frühjahrssturm los, der über das Land raste und alle in die Hütten trieb. Aus dem grauen Himmel prasselte Hagel, der sich an der Nordseite der Hütten aufhäufte. Die Menschen hockten im Dunkeln zusammen. Da die Rauchluken abgeschirmt werden mußten, konnte man kein Feuer anzünden. Das Wasser floß über die Fellhäute und bildete morastige Stellen im Reisig unter den Bodenfellen. Jeder blieb an seinem Platz auf der Bettbank, weil es dort noch am angenehmsten war.

Der Rentierschädel auf dem Pfahl am See klapperte bei jedem Windstoß.

Aber niemand klagte. Es gehörte nun einmal zum Frühling, daß er mit Hagel und Sturm einzog. Das war immer so, aber es dauerte niemals lang.

Störend war nur der Hunger, denn solange das Opfer der ersten Hindin nicht gebracht war, durfte sich niemand an Rentierfleisch gütlich tun. Einige wenige Schneehasen und ein einzelner Marder, die Sian mit einer Schlinge gefangen hatte, reichten kaum aus, seine Gruppe am Leben zu halten.

Alle warteten gespannt auf die Rückkehr der Späher. Wer würde die Opferhindin erlegen?

Der Wind heulte, dröhnend klapperte der Schädel am Pfahl. Keine menschliche Stimme konnte die Gewalt des Sturmes übertönen. Wie verhielten sich jetzt die jungen Jäger der Spähergruppen, die schutzlos durch das offene Land zogen? In ihren kleinen Zelten gab es keine Bettbank, sie mußten auf der nassen Erde liegen, wenn es ihnen überhaupt möglich war, bei dem Sturm die Zelte aufzurichten.

Oenas Gedanken kehrten immer wieder zu der Begegnung mit Gorm zurück. Ihre Achtung vor ihm war stark gestiegen, seit sie von seiner Heldentat erfahren hatte. Aber es war, als sei dadurch eine Kluft zwischen ihr und dem Spielkameraden ihrer Kindheit entstanden. In der Erinnerung hörte sie wieder seine Stimme, wie er sagte: »Ich habe ihn mit meiner Harpune verwundet und ihn dann in eine Fallgrube gelockt. Ich war allein.«

Sie versuchte sich vorzustellen, wie es gewesen war. Er war offensichtlich ganz überraschend von dem Bären überfallen worden, denn er hatte kein Wort von dem üblichen Ritual gesagt, das vor jeder Bärenjagd vollzogen werden mußte. Einen Bären zu töten, ohne vorher die Achtung vor seinen heiligen Kräften zu bezeugen, konnte schlimme Folgen haben. Waren die Vorschriften alle beachtet worden? Hatte Gorm den Bären, nachdem er getötet war, mit Zweigen geschlagen? War während des Transports des getöteten Tiers zum Winterlager der Lobgesang angestimmt worden? Gorm hatte den Bären doch niemals allein schleppen können, dabei mußten ihm ganz gewiß andere Jäger geholfen haben. Waren die Jäger von den Frauen in ihrer besten Kleidung begrüßt worden? Hatten sie die Jäger mit dem durch Ocker rot gefärbten Wasser besprenkelt, um die gefährlichen Kräfte, die von dem Bären auf die Männer übertragen worden waren, unschädlich zu machen? Er hatte nichts davon erwähnt. Waren vielleicht alle die heiligen Vorschriften für die Bärenjagd nicht beachtet worden?

Der Wind heulte um die Hütte. Die Kälte wurde strenger. Ein Gefühl nahenden Unheils beschlich Oena. Gorm, dachte sie. Es ist etwas mit Gorm. Obwohl ihr bewußt war, daß er sich durch seine jetzt gewonnene neue Stellung in der Gruppe weiter von ihr entfernt hatte, konnte sie eine Beunruhigung über sein Schicksal nicht verdrängen. Sie wußte, daß es sie keineswegs unberührt ließ, ob er in Gefahr war oder nicht. Sie wußte, daß sie Angst hatte – um ihn. Es wurde früh dunkel. Der Sturm heulte immer noch, als Oena endlich erschöpft einschlief, gequält von schweren Träumen. Beim Anbruch des neuen Tages flaute der Sturm ab. Zögernd lugte eine kalte und wäßrige Sonne durch die graue Wolkendecke. Die Rauchluke konnte geöffnet werden, und schon bald kringelte sich von der feuchten Herdstelle ein dünner Rauchschleier nach oben. Es dauerte eine Weile, bis das Feuer Wärme verbreitete. Aber es wurde nun langsam angenehmer in der Hütte. Oenas angstvolle Ahnungen verschwanden. Es war schwierig, in düsteren Gedanken versunken zu bleiben, wenn über dem Lager die Sonne strahlte. Sie ärgerte sich über ihre Angst um Gorm. Als ob er nicht auf sich selbst aufpassen konnte – ein Mann, der einen Bären getötet hatte!

»Komm«, sagte sie zu Losse, um sich auf andere Gedanken zu bringen, »ich habe im Busch auf dem Hügel ein paar Schlingen ausgelegt. Da gibt es Schneehühner. Vielleicht haben wir Glück.«

Während sie sich auf den Weg machten, wurde es im ganzen Lager lebendig. Alle Gruppen trafen Vorbereitungen für das Opferfest, das nun nicht mehr lange auf sich warten lassen konnte.

Laki

Über dem Lager verdunkelte sich der Himmel. Die Sterne versteckten sich hinter den dichten Wolken, die sich im Laufe des Tages gebildet hatten. Der Mond zeigte sich erst, als die Wolkendecke etwas aufbrach. In den Hütten warteten die Jäger auf das Zeichen.

Gegen Mitternacht begann eine Trommel zu dröhnen. Das Zelt, in dem sie geschlagen wurde, stand abseits von den anderen, am nördlichsten Punkt des Sees, dicht bei dem Rentierpfahl. Da wohnte Var, der alte Priester, der mal die eine, mal die andere Gruppe auf dem großen Treck begleitete, aber stets allein wohnte. Im Winter leitete er die Einführungsfeierlichkeiten der jungen Jäger und versah den Opferdienst am See. Er sammelte heilkräftige Kräuter, veranstaltete die Beschwörungsfeiern bei Krankheit und Tod, sorgte für die Verbindung mit Göttern und Geistern und für den Ausgleich zwischen den übernatürlichen Kräften und den Menschen.

Im Frühjahrslager, wo viele Gruppen nach der Geburt der Kälber zur großen Jagd zusammenkamen, war das

Opferfest beim Rentierpfahl das bedeutendste Ereignis. Die Urmutter, die Göttin der Welt, mußte durch das Opfer der ersten erlegten einjährigen Hirschkuh günstig gestimmt werden. Von diesem Tier durfte nichts, aber auch wirklich gar nichts, von den Menschen gebraucht werden, und der Jäger, der das Opfertier erlegte, genoß den ganzen Sommer hindurch großes Ansehen.

In den Zelten bereiteten sie sich nun auf das Opferfest vor, denn die Späher waren heimgekehrt und hatten dem Priester das Opfertier übergeben. Zu jedermanns großer Überraschung hatte nicht Gorm das Tier erlegt, sondern der Anführer des zweiten Spähertrupps, der Schnelle Laki!

Das Dröhnen der Trommel schwoll an. Der Rhythmus wurde schneller und schneller. Erst als eine hohe Flamme aus dem am See angelegten Holzstoß emporschlug und damit das Zeichen für den Beginn der Feier gegeben war, schlugen die Menschen die Vorhänge zurück und traten aus ihren Hütten hervor. Niemand sprach ein Wort. In eindrucksvoller Stille bewegten sich die dunklen Gestalten aus allen Teilen des Lagers auf den See zu.

Die Flammen tanzten auf und ab, auf dem dunklen Wasser spielten Schatten, die Lichter flackerten im Abendwind. Von den Baumkronen herüber klang das langgezogene Uhu einer Feldeule und aus weiter Ferne das Geheul eines Wolfs. Der Priester war in ein weißes Rentierfell gehüllt. Auf dem Kopf trug er ein Rentiergeweih. Seine langen weißen Haare flatterten im Wind, während er am Feuer hockte und die Trommel mit kleinen knöchernen Hämmern schlug. Das straff gespannte Trommelfell war aus der Haut eines Rentierkalbs, die über einem ovalen Rahmen aus gebogenem Weidenholz befestigt war. Auf dem Fell lag ein kleiner runder Stein, der sich während des Trommelns zwischen den Figuren verschob, die mit Fett und rotem Ocker auf das Trommelfell gemalt waren. Aus der Bahn, die der Kieselstein nahm, konnte der Priester den Willen der Geister ablesen. Während er trommelte, murmelte er Gebete und Beschwörungen, die für alle anderen unverständlich blieben.

Das Opfer, das der Priester nun der Urmutter brachte, war sowohl ein persönliches als auch ein Gruppenopfer. Nach einer normalen Jagd waren das Fleisch, der Mageninhalt, die Knochen, die Sehnen und das Geweih für die ganze Gruppe bestimmt, nur das Fell des Rentiers blieb der persönliche Besitz des Jägers, der es erlegt hatte. Aber ein Opfertier wurde mit Steinen beschwert und in den See geworfen. Das kostbare Fell war das Opfer des Jägers, die anderen Teile das Opfer der Gruppe. Deshalb war das Erlegen der Opferhindin zwar sehr ehrenvoll, aber nicht eigentlich vorteilhaft für den Jäger. Trotzdem hielten es alle für eine große Ehre, das Opfer bringen zu können.

Während der Priester die Beschwörungen murmelte, benutzten viele die Gelegenheit, die vom Feuer beleuchteten Gesichter der Jäger zu betrachten. Es war deutlich zu sehen, daß Gorm nicht zufrieden war. Es hatte bei allen Erstaunen erweckt, daß nicht er die Opferhindin heimgebracht hatte.

Laki gehörte zu einer anderen Gruppe. Ihm war deutlich anzusehen, wie stolz er war. Auch er war ein junger Mann, von dem man viel erwartete, ein zukünftiger Anführer. Aber im Vergleich mit Gorm galt er doch sehr viel weniger. Nun hatte er bei dieser Gelegenheit Gorm übertroffen, und es war ihm anzumerken, daß er diese Tatsache sehr genoß.

Der Priester beendete das Trommeln und erhob sich.

Wie eine Geistererscheinung stand er nun am Rand des Sees, sein weißes Gewand und seine weißen Haare hoben sich scharf vom dunklen Wasser ab. Auf ein Zeichen trat Laki vor. Zusammen mit dem Priester warf er mit einem Schwung das unversehrte Opfertier in den See.

Klatschend schlug der Körper auf dem Wasser auf und versank. Es bildeten sich Kreise, die größer und größer wurden, bis sich nach langer Zeit, in der Var fortfuhr, seine Gebete zu murmeln, das Wasser beruhigte und nur noch die vom Nachtwind verursachten Riffelungen aufwies.

Der Priester nahm das schwere Geweih vom Kopf und legte es auf die Erde. Dann wendete er sich der versammelten Menschenmenge zu. Seine vom Alter etwas brüchige Stimme war in der nächtlichen Stille bis in die letzte Reihe zu verstehen.

»Das Opfer ist dargebracht. Die Urmutter wird für eine günstige Jagd sorgen, wie sie schon für die Geburt vieler Rentierkälber gesorgt hat. Geht nun heim und ruht euch aus. Morgen, beim Anbruch der Morgenröte, wird der Schnelle Laki die Jagd eröffnen und als erster mit seiner Gruppe aufbrechen.«

Für Gorm mußte es eine bittere Enttäuschung sein, daß nicht er die Jagd eröffnen durfte. Jetzt, da die Feierlichkeit beendet war, begannen unter allen Anwesenden eifrige Gespräche. Gorm jedoch ging mit verschlossenem Gesicht zu seiner Hütte zurück, ohne ein einziges Wort mit einem seiner vielen Freunde zu wechseln.

Oena sah ihn. Einen Augenblick überlegte sie, ob sie ihn ansprechen sollte, aber er sah nicht auf und schien keinerlei Kontaktbedürfnis zu haben. Sie empfand Mitleid mit ihm. Gorm, der Bärentöter, jetzt war er übertroffen von Laki, der die Hindin erlegt hatte. Spielte in solchen Dingen nicht manchmal auch das Glück eine Rolle? Trotzdem ärgerte sie sich auch ein wenig über Gorms Benehmen. Gorm galt als der beste Jäger. Das war er immer noch. Aber wenn Laki, der Schnelle Laki, durch ein Zusammentreffen günstiger Umstände etwas behender gewesen war und darum nun die Jagd eröffnen durfte, war es dann eigentlich nicht kindisch von Gorm, sich als ein so schlechter Verlierer zu zeigen? Gorm hatte einen Bären getötet, gut, aber Laki war nicht umsonst der schnellste Mann im Lager. Man konnte doch nicht überall der erste sein!

Oena war noch ganz mit ihren Gedanken bei Gorm, als eine Stimme sie aufschreckte.

»Wenn die Jagd vorbei ist, wir eine gute Beute erlegt haben und dann das Fest beginnt, ehe wir weiterziehen, will ich mit dir den Rentiertanz tanzen!«

Sie hielt inne, drehte sich um und sah Laki in die lachenden Augen, die im Feuerschein leuchteten. Ehe sie antworten konnte, fuhr er schon fort: »Dies wird eine besondere Jagd für mich. Du wirst sehen, daß ich die meisten Tiere erlege. Mit wie vielen Rentierhäuten kann ich deinen Vater dazu bringen, mir seine Tochter zu geben?«

Wollte er sie verspotten, oder meinte er wirklich, was er sagte? Sie spürte, wie ihr das Blut in die Wangen schoß, und war froh, daß sie nicht im Lichtschein stand und er nicht sehen konnte, wie sie errötete.

»Glaub nur nicht, daß du so einfach jede Frau kriegen kannst, Laki«, sagte sie schelmisch. »Es gibt mehrere, die sich durch große Beute auf der Jagd auszeichnen, und mein Vater verkauft seine Töchter nicht gegen ihren Willen.«

Sie drehte sich um, aber er faßte sie beim Jackenärmel und zog sie näher zu sich heran, so daß sie gezwungen war, ihn anzusehen. Sie erschrak, als sie erkannte, wie sein fröhliches Lachen plötzlich verschwand. »Ich bringe dir ein weißes Rentierfell«, stieß er hervor, »denk an meine Worte!«

Dann ließ er sie los und ging fort. Noch einmal drehte er sich zu ihr um und fuhr fort: »Ein Bärenfell kann man schließlich doch nicht tragen…«

Bevor sie etwas entgegnen konnte, war er in der Dunkelheit verschwunden. Verwirrt ging sie zu ihrer Hütte zurück.

Bei Anbruch des neuen Tages verließen die Jäger das Lager. Nur die Frauen, die Kinder und die Männer, die nicht mehr stark genug für die Jagd waren, blieben zurück. Ihre Aufgabe bestand nun darin, alles für die Verarbeitung der erwarteten Beute vorzubereiten. Am allerwichtigsten war es jetzt, genügend Holz für die großen Feuer herbeizuschaffen.

Oena sammelte Reisig am Waldrand. Ihre Gedanken beschäftigten sich allerdings mit dem, was am vorangegangenen Abend geschehen war.

»Ich bringe dir ein weißes Rentierfell«, hatte Laki gesagt. Doch die Anspielung auf ihre Zuneigung zu Gorm hatte sie vollkommen verwirrt. Woher konnte er wissen, wie sie zu Gorm stand? Darüber hatte sie noch nie zu jemandem ein Wort gesagt…

Sie sah Laki jetzt auf einmal mit ganz anderen Augen. Er meinte offenbar das, was er gesagt hatte, ehrlich. Er hatte seine Bemerkung über den Rentiertanz, zu dem er sie aufgefordert hatte, nicht ohne Absicht gemacht. Ein weißes Rentierfell war das kostbarste Geschenk, das man jemandem anbieten konnte. Solch ein Angebot machte man nicht jeder Frau. Hätte Laki noch deutlicher ausdrücken können, daß er mit ihr eine Familie gründen wollte?

Was zeichnete Gorm vor Laki aus? Daß er einen Bären getötet hatte? Daß alle ihm mit Respekt begegneten? Als sie sich diese Frage stellte, wurde ihr klar, daß dies nicht am wichtigsten war. Wenn sie es richtig bedachte, hatte sie immer, schon seit der Zeit, als sie beide noch Kinder waren, Gorm lieber gemocht als die anderen. Eigentlich aber hatte er ihr nie einen Grund dazu gegeben, sie hatte auch niemals feststellen können, wie er über sie dachte. Und seit er nun in der Achtung der Stammesgenossen einen besonderen Platz einnahm, hatte sie erst recht nicht mehr erwartet, daß er ihr bei der Wahl seiner Frau den Vorzug geben würde. Er hatte ihr niemals ein weißes Rentierfell versprochen!

Oena sammelte Reisig und dachte an Laki. Irgendwo in der Tiefe ihres Herzens hoffte sie, daß es ihm nicht glükken würde, ein weißes Rentier zu erlegen. Jedenfalls nicht in der nächsten Zukunft! Sie mußte Zeit gewinnen, um über seinen ungewöhnlichen und unerwarteten Antrag nachzudenken. Zeit, um eine feste Haltung zu finden. Denn wenn er ihr ein weißes Rentierfell anbot, mußte sie ihm ihre Antwort sofort geben.

Reffo

Geführt von den Spähern, die nun ziemlich genau wußten, wo sich die großen Herden aufhielten, zogen die Jägertrupps aus. Die meisten bestanden aus drei oder vier Männern, einige Jäger jedoch gingen ganz allein. In weitem Bogen versuchten sie das Gelände einzukreisen, in dem sich die Rentiere befinden mußten. Dann schloß sich langsam und vorsichtig der Ring enger, bis die ersten Gruppen auf die Tiere stießen.

So begann die Jagd. Doch sobald die Tiere aufgeschreckt wurden, rannten sie so schnell, daß kein Jäger ihnen folgen konnte. Selbst Wölfe konnten sich nicht mit einer losrasenden Rentierherde messen. Deshalb kam es darauf an, sich ganz langsam und umsichtig zu nähern, so lange wie möglich unter dem Wind zu bleiben und den Tieren zu folgen, bis sie von den anderen Jäern abgefangen werden konnten. Da die Tiere sich ständig grasend langsam weiterbewegten, blieb es immer dem Zufall überlassen, wo sie eingeschlossen werden konnten.

Reffo, der jüngste Sohn des Häuptlings Bole, hatte schon lange die Verbindung mit den anderen Jägern verloren, als er zu seiner großen Überraschung, nachdem er eine Höhe erstiegen hatte, plötzlich in einen Wiesengrund niederblickte, wo ein Rudel Kühe mit jungen Tieren graste. Er duckte sich sofort und robbte sich, fest an den Boden gepreßt, langsam näher heran. Auf einer Anhöhe auf der anderen Seite der offenen Fläche stand eine Rentierkuh, den Kopf weit vorgestreckt: die Wächterin. Der Wind wehte Reffo ins Gesicht, deshalb konnte die Wächterin ihn nicht wittern. Der Jäger sah, wie die Kuh hin und wieder den Kopf mit dem schweren Geweih hob und wachsam die Nase in den Wind streckte, um nach Gerüchen zu schnuppern, die eine Gefahr für das Rudel anzeigten.

Reffo konnte sich ziemlich nahe heranarbeiten. Hinter niedrigem Strauchwerk blieb er liegen. Tatsächlich, er hatte eine Weide entdeckt, wo vor noch nicht langer Zeit

mehrere Kälber geboren worden waren. Viele Rentierkühe lagen und käuten wieder, einige säugten ihre Jungen, andere standen eifrig kauend in dem jungen, saftigen Gras. Wenn er nun auftauchte, wenn die Wächterin ihn entdeckte, würde das ganze Rudel sofort die Flucht ergreifen. Links vor ihm wurde gerade ein Kälbchen geboren. Er hätte es ohne große Mühe erlegen können. Die Mutter würde beim ersten Alarm fliehen. Sie hatte ihr Junges noch nicht abgeleckt, sie würde es, das wußte Reffo, im ersten Schreck sofort vergessen, weil sie es noch nicht »angenommen« hatte. Ein seinem Schicksal überlassenes Kälbchen war eine bequeme Beute für den Jäger. Und warum nahm er es jetzt nicht? Um das eben geborene Tierchen und seine Mutter herum lagen wiederkäuend andere ältere Kühe. Einige jüngere Tiere bewegten sich langsam grasend auf den Hügel zu, auf dem die Wächterin stand. Ihre Fußgelenke knackten.
Reffo sah, wie das eben geborene Tierchen auf die Beine zu kommen versuchte, umfiel, sich wieder aufrichtete. Ganz vorsichtig schob er sich noch ein Stückchen weiter in dem Gesträuch vorwärts, um besser sehen zu können. Die Mutterkuh beobachtete, wie das Junge auf die Beine

zu kommen versuchte. Als es endlich stand, begann sie es abzulecken, langsam und sorgfältig. Der Jäger im Gebüsch sah es und wußte, jetzt hatte die Mutterkuh das Junge angenommen und würde es auch bei einer drohenden Gefahr nicht im Stich lassen. Es war ihm klar, daß er schnell sein mußte, weil sonst das zarte Fleisch, nach dem sich in dem langen Winter alle so sehr gesehnt hatten, für ihn nicht mehr erreichbar war. In wenigen Augenblicken war das Kälbchen für ihn verloren.

Doch etwas hielt ihn zurück. Er blickte durch die Blätter des Gebüschs hindurch über die Weide mit den ruhig grasenden Tieren. Er begann die Kälber zu zählen. Es waren viele... Wenn nun, in diesem Augenblick, die anderen Jägergruppen in der Nähe wären und der aufgeschreckten Herde den Weg in die Freiheit abschnitten, wäre ihnen eine ganz ungewöhnlich große Beute an Fleisch sicher, das so zart war, wie man es sich überhaupt vorstellen konnte. Aber er war allein. Im günstigsten Fall konnte er ein Tier töten. Doch auch das tat er nicht. Vorsichtig, jedes Geräusch vermeidend, kroch er zurück. Obwohl er es gar nicht merkte, mußte er doch nicht leise genug gewesen sein. Die Wächterin auf dem Hügel setzte sich sofort in Bewegung. Sie trabte, den Kopf vorgestreckt, den Schweif hoch erhoben, herbei und stieß die wiederkäuenden Tiere mit ihrem Geweih an. Im nächsten Augenblick stob das ganze Rudel davon.

Der Jäger stand auf und sah der Herde nach, die in dem welligen Gelände nun langsam außer Sicht geriet. Er faßte seine Harpune fester, ging den Hügel hinunter und verspürte dabei ein Gefühl der Genugtuung, das ihn selbst wunderte. Ganz in der Ferne hörte er Lärm, aus dem er schloß, daß seine Jagdkameraden den Angriff auf ein anderes Rudel eröffnet hatten.

Die Jagd verlief erfolgreich. Jeden Abend kehrten die Jäger mit Beute beladen zurück an den See, wo sie an den Lagerfeuern ihre Erfahrungen austauschten. Die jungen Jäger wetteiferten geradezu untereinander: Wer erzielte das beste Ergebnis? Wer erbeutete am meisten? Manchmal gab es laute Wortwechsel über vertane Gelegenheiten, das ungeschickte oder vermeintlich ungeschickte Verhalten eines Mitjägers.

Die älteren Männer, die für die Jagd nicht mehr schnell genug waren, enthäuteten die getöteten Tiere, die Frauen bearbeiteten die Felle, kümmerten sich um das Fleisch, und legten alle Stücke zur Seite, die für längere Zeit haltbar gemacht werden mußten.

Jeden Abend bereiteten sie nun eine überreichliche Mahlzeit aus frischem Rentierfleisch. Jeder aß soviel, bis er nicht mehr konnte.

»Eßt nicht zuviel!« warnte Sian seine Leute. »Es ist genug da, wir brauchen vorläufig keinen Hunger zu fürchten!«

Denn in dem langen Winter, in dem das Essen stets knapper und knapper wurde, schrumpften die Mägen, und wer nun mit übervollem Magen einschlief, den quälten unruhige Träume. Aber Erfahrung ist nicht ohne weiteres übertragbar. Sian wußte, daß sie doch nicht auf ihn hörten, sie mußten es also am eigenen Leib erfahren.

Obwohl die Frauen viel zu tun hatten und deshalb nicht am Feuer sitzen und lauschen konnten, fingen sie manche Wortfetzen aus den hitzigen Gesprächen auf. Verstohlen blickte Oena zu Gorm hinüber. Er hatte einige Jäger um sich geschart, die ihm zugetan waren. Er strahlte Respekt aus, und er leitete die größte Gruppe ohne Mühe. Aber auch Laki hatte seine Anhänger. Beide Gruppen standen sich kaum nach, wenn es um die Jagdbeute ging.

Die älteren Familienoberhäupter mischten sich nicht ein, wenn Meinungsverschiedenheiten entstanden. Es war eine gute Gewohnheit unter den Rentierleuten, daß die besten Jäger bestimmten, wie gejagt werden mußte, während sich die nicht mehr so schnellen Älteren mit dem täglichen Ablauf der Lagerangelegenheiten beschäftigten.

Das bedeutendste Familienoberhaupt war Bole, der Stammeshäuptling. Er überwinterte mit seiner Gruppe stets in den Mergelgrotten am Großen Strom. Er besaß prächtige Zelte und Hüttendecken und ausgezeichnetes Werkzeug, und seine Leute trugen die beste Kleidung. Bole hatte außer drei Töchtern noch fünf Söhne, von denen vier ausgezeichnete Jäger waren. Sie zogen täglich mit Gorm aus, wohingegen sich Reffo, der jüngste Sohn, Laki angeschlossen hatte. Laki gefiel Reffos Wahl nicht. Er duldete ihn, aber er legte nur wenig Ehre mit ihm ein. Reffo erledigte alles, was von ihm erwartet wurde, aber besondere Mühe gab er sich nicht. Er war nicht ehrgeizig und beteiligte sich auch nicht an den lebhaften Gesprächen über die Jagd des abgelaufenen Tages. Still saß er am Ufer des Sees, etwas außerhalb des Lichtscheins, und ritzte mit einem Feuersteinmesser Schmucklinien in ein Geweihbeil.

»Wir müssen uns mehr auf die Kälberjagd einstellen«, sagte Gorm. »Wir müssen versuchen, Rudel mit frisch geworfenen Kälbern zu umzingeln. Das ist das beste Fleisch.«

Viele stimmten ihm zu, aber auf einmal rief von außerhalb des Lichtscheins jemand spöttisch: »Ist für einen Bärentöter soviel Ehre bei einem wehrlosen Kalb zu holen?« Das traf Gorm wie ein Faustschlag.

Plötzlich verstummte jeglicher Lärm. Alle blickten in die Richtung, aus der die Stimme kam. Und nun trat jemand in den Lichtkreis: Reffo. Reffo, der jüngste Sohn Boles. In der linken Hand hielt er das Geweihbeil, an dem er gearbeitet hatte, in der rechten Hand das Messer.

»Die Urmutter hat für die Geburt vieler Rentierkälber gesorgt. Wenn wir, die Jäger, die Kälber töten, bevor sie selbst Junge geworfen haben, wovon sollen wir dann in der Zukunft leben?«

Bevor irgend jemand antworten konnte, verließ Reffo wieder den Lichtkreis und verschwand wie ein Schatten in der mondlosen Nacht.

Eine kurze Bemerkung kann ein langes Nachspiel haben. Wenn sie nur auffällig genug ist! Und das war Reffos Bemerkung über die Jagd auf Rentierkälber. Es war so ungewöhnlich für die Rentierjäger, weiter als über ihren Vier-Jahreszeiten-Treck hinaus in die Zukunft zu sehen, daß Reffos Worte allgemeine Entrüstung und Ablehnung hervorriefen. Dadurch verbesserte sich seine sowieso nicht gute Position in der Jägergruppe Lakis auf keinen Fall. Niemand wollte ihn mehr bei sich haben. Er wurde noch stärker als vorher zum Einzelgänger. Wäre er nicht Boles Sohn gewesen, sie hätten ihn ausgestoßen. Aber niemand legte Wert darauf, den mächtigen Stammeshäuptling gegen sich aufzubringen.

Bole selbst fand in dieser Lage auch nicht sofort eine Lösung. Er wußte nur allzu gut, daß sein jüngster Sohn nicht in den Kreis der Jäger paßte, aber er hatte stets dafür gesorgt, daß die Brüder ihm nicht zu nahe traten.

»Reffo hat andere Fähigkeiten«, sagte er stets zu seiner Verteidigung, wenn die anderen sich über Reffos mangelndes Interesse für die Jagd beklagten. »Ihr seid viel bessere Jäger, das weiß ich wohl, aber er fertigt Werkzeuge wie kein anderer. Der Stamm kann auf einen Fachmann wie ihn nicht verzichten, er nimmt nur einen anderen Platz in der Gemeinschaft ein.«

Nach außen hin billigten sie Boles Standpunkt, aber im Herzen dachten sie anders. Aber da jetzt dieser seltsame Ausspruch noch dazu kam, wurden die Verhältnisse in der Familie nicht friedlicher.

Einer war allerdings da, der mit Erstaunen Reffos Bemerkung angehört und darüber nachgedacht hatte: der alte Priester. Lange Zeit blieb er in seinem Zelt und überlegte. Schließlich sprach er mit Bole.

»Dein jüngster Sohn hat Unruhe im Lager verursacht«, sagte er. »Doch darfst du ihn deshalb nicht tadeln. Er denkt nach, er blickt nach vorn, weit in die Zukunft. Das kann dem Stamm Vorteile bringen.«

»Aber es ist doch vollkommen undenkbar, daß die Rentiere aussterben«, meinte Bole. »Wie kommt er auf den Gedanken? Es gibt auf Erden so viele Rentiere wie Nadeln an den Tannenbäumen und Sandkörner im Sommerland. Und es gibt nur so wenige Menschen. Es ist doch unvorstellbar, daß jemals zu wenige Rentiere da sind, weil wir jetzt die Kälber schlachten.«

»Laß ihn in Ruhe, Bole!«

Und Bole ließ ihn in Ruhe. Reffo ging weiterhin wie sonst mit auf die Jagd, tat wie vorher das, was von ihm erwartet wurde, weigerte sich aber ganz entschlossen, frisch geborene Kälber zu jagen. Nach einiger Zeit gewöhnten sich die anderen daran.

Doch gegen Ende des Frühjahrslagers, als die ersten Rentierböcke schon wegzuziehen begannen, geschah etwas, das das ganze Lager erneut in Aufruhr versetzte. Und wieder war Reffo der Unruhestifter.

Bei der Einkreisung einer Herde von Müttern mit Jungen tötete Laki ein Muttertier. Das Kalb, das schon groß genug war, um Futter zu suchen, war einen Augenblick verwirrt stehengeblieben, weil es nicht verstand, was da geschah. Es starrte völlig verständnislos auf die Wesen, die sich von allen Seiten näherten. Reffo war der erste, der das vom Schreck gelähmte Tier erreichte. Es zögerte einen Augenblick zu lang, um dem Jäger entfliehen zu können. Aber Reffo hatte nicht die Absicht, es zu töten. Er schleuderte seine Harpune zur Seite und warf sich mit einem Sprung über das Kalb.

Hinter ihm rief Laki: »Dein Fang, Reffo!« Das Erstaunen war deutlich am Klang der Stimme zu hören. Reffo hielt das wild strampelnde Tier mit beiden Händen fest. Er klemmte es zwischen die Knie, löste das Sehnenlasso vom Gürtel und schlug es um den Nacken des Kalbs.

»Warum stichst du es nicht ab?«

Reffo blickte Laki an. »Das Tier gehört mir. Ich habe es gefangen, und ich bestimme, was mit ihm geschieht.«

»Natürlich!« entgegnete Laki verblüfft. Er verstand nicht, aus welchem Grund Reffo das Tier lebend mitnehmen wollte. Das ging doch nur unter Schwierigkeiten, denn ein totes Rentier ist schließlich einfacher zu transportieren. Aber das Eigentumsrecht des Jägers blieb völlig unbestreitbar. Reffo hatte das Tier gefangen, niemand dachte daran, ihm den Fang streitig zu machen.

Der richtige Krach entstand erst im Lager, als sich herausstellte, daß Reffo keinesfalls die Absicht hatte, das Kalb zu töten. Im Gegenteil! Er nahm es mit zu Boles Hütte und band es zur großen Überraschung und allgemeinen Entrüstung der Brüder an einem Pfahl an.

Es entstand ein hitziges Gespräch, erst in Boles Hütte mit den Brüdern, später noch lauter und unversöhnlicher mit den anderen Jägern am Lagerfeuer. Reffo äußerte sich kurz und deutlich.

»Es ist Fleisch genug da. Ich schädige niemanden, wenn ich dieses junge Kalb nicht töte. Ich habe mit ihm andere Pläne.«

»Du bist verrückt! Die bösen Geister haben dich übermannt. Du bringst den ganzen Stamm in Gefahr…«

Vor allem Gorm war sehr wütend. »Die Urmutter hat die Rentiere für uns erschaffen. Das Rentier bietet uns alles, was wir zum Leben brauchen.«

»Ihr begnügt euch damit, ein Rentier zu töten, aufzuessen und den Rest zu verarbeiten. Ich weiß, daß man noch anderes mit ihm tun kann. Das werde ich euch zeigen.«

Obwohl Reffo leise sprach, war seine Stimme für alle verständlich, auch für die Frauen, die hinter dem Kreis der Jäger mit der Zubereitung des Essens beschäftigt waren. Nun begannen alle gleichzeitig zu sprechen, und am lautesten schrien die Brüder. Bis Reffo eingriff. Seine Stimme klang ungewöhnlich drohend, als er die Hand hob, um sich Gehör zu verschaffen.

»Dieses Kalb«, sagte er betont langsam, »ist mein Eigentum. Ich tue mit ihm, was ich will.«

»Wie wir unser Leben führen, hat die Urmutter bestimmt«, schrie Gorm.

»Kein Tier in unserer Hütte!« brüllten die Brüder. »Reffo muß raus, oder wir gehen!«

Ehe der in die Enge getriebene Bole seinen Standpunkt erklären konnte, ergriff Reffo das Wort.

»Gib mir ein kleines Zelt, Vater«, sagte er ruhig. »Ich will niemandem zur Last fallen. Am Ende des Sommers werde ich dir zeigen, welchen Nutzen ein lebendes Rentier bringen kann.«

Bole sah zu dem alten Priester hinüber.

»Laß ihn seinen Weg gehen«, sagte der Priester. »Vielleicht hat die Große Mutter eine besondere Aufgabe für ihn.«

Reffo verschwand, als sei der Streit damit geschlichtet. Er ging zu der großen Hütte Boles, während die anderen verstört am Feuer zurückblieben.

Bole gab Reffo, um was er gebeten hatte. Noch in derselben Nacht zog Reffo aus. Er schlug sein Zelt an der anderen Seite des Opfersees auf, nicht weit vom Waldrand. Von dieser Stunde an lebte er als Halbausgestoßener. Er ging nicht mehr auf die Jagd, kein Jäger wollte ihn haben. Bole bestimmte, daß er sich von nun an ganz auf die Herstellung von Geräten und Waffen verlegte. Denn daß der Priester ihn unterstützte, entband ihn nicht davon, seine Pflicht gegenüber dem Stamm zu erfüllen. Jeder hatte seine Aufgabe, wenn nicht als Jäger, dann auf jeden Fall als Handwerker.

Damit war, wenigstens vorläufig, die Ruhe im Frühjahrslager wieder eingekehrt.

Das andere Denken

Weil die Männer täglich auf die Jagd gingen, war das Leben im Frühjahrslager für die Frauen die schwerste Zeit des Jahres. Die überreichliche Jagdbeute mußte jeden Tag sofort verarbeitet werden. Wenn die älteren Männer das Wild enthäutet hatten, begann das mühsame Geschäft des Präparierens der Häute und das Räuchern des Fleisches. Mit endloser Geduld mußten die Felle saubergeschabt, getrocknet und gegerbt werden. Die Männer konnten abends in Ruhe ihre Erfahrungen austauschen, aber die Frauen blieben bei der Arbeit, bis sie vor Müdigkeit fast umfielen.

Auch Reffo, der nun sehr einsam lebte, hatte unentwegt zu tun. Er mußte die von den Kindern gesammelten Feuersteine zu Klingen, Schabern, Bohrern, Schaftspitzen und Stechern verarbeiten; er hatte sich mit den von den Frauen abgeschabten und ausgekochten Knochen zu beschäftigen, er mußte Nadeln schleifen und polieren, Geweihbeile herstellen und verzieren, Lederriemen schneiden und Schuhwerk anfertigen.

Das Material wurde ihm gebracht, man duldete ihn nicht mehr im Lager. Auch keiner von Reffos Brüdern oder Schwestern wollte noch etwas mit ihm zu tun haben. Haja zeigte sich besonders hochnäsig und sagte sich regelrecht von ihrem Bruder los.

»Er bringt uns allen Schande!« schimpfte sie wütend, als jemand seinen Namen erwähnte. »Ich schäme mich, daß er mein Bruder ist. Das nennt sich Jäger!« Obwohl es nicht nötig gewesen wäre, sprach sie sehr laut, denn sie wollte, daß Gorm es am Lagerfeuer hörte.

Oena ärgerte sich. Immer häufiger fiel ihr auf, daß Haja Gorms Aufmerksamkeit auf sich zu ziehen versuchte. Aber Gorm ließ nicht erkennen, ob er es merkte.

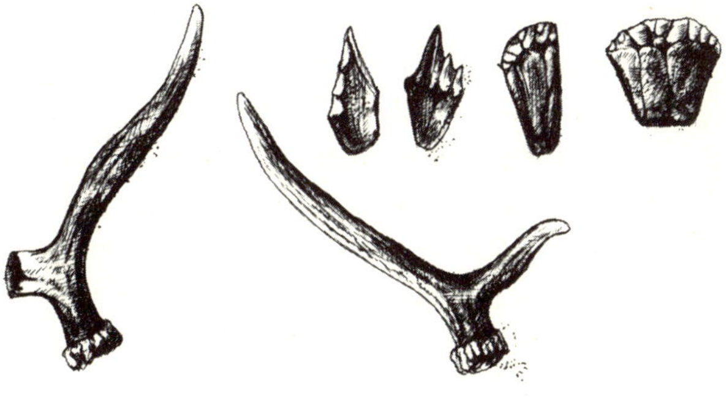

Reffo wurde im Lager von fast allen gemieden. Die jungen Männer betrachteten ihn nicht mehr als einen der ihren, die Frauen sahen keine Notwendigkeit zu einem Kontakt. Doch da Reffo nicht mehr auf die Jagd ging, mußte er seine Fleischportion aus dem Lager erhalten.

Es wurde Losses Aufgabe, jeden zweiten Tag mit rohen Feuersteinen und weiterem Material zur anderen Seite des Sees zu gehen. Sie war Reffos einzige Verbindung zu den Menschen seines Stammes. Es war ihm nicht anzumerken, ob ihn das bedrückte.

Mit Erstaunen und wohl auch etwas Angst betrachtete Losse das gefangene Rentier. Sie sah, wie das anfangs scheue, immer fluchtbereite Tier innerhalb von kurzer Zeit Vertrauen zu dem Mann faßte, der den Platz seiner Mutter eingenommen hatte.

»Es hat sich schon ganz an mich gewöhnt«, sagte Reffo eines Tages zu ihr. »Es sieht mich, da seine Mutter jetzt tot ist, als seinen Versorger an.«

Damit das Kalb die nötige Bewegungsfreiheit bekam, hatte Reffo es mit einem langen Lasso an einer Birke festgebunden. Als Losse zum erstenmal aus den Sträuchern auftauchte, tat das Kalb einen gewaltigen Satz. Es wollte fliehen, strauchelte aber und fiel, weil es durch den Strick am Nacken gefesselt war. Beim dritten oder vierten Mal versuchte es schon nicht mehr zu fliehen.

Losse dachte an die Wölfe, die sie nachts in der Ferne heulen hörte.

»Wo läßt du es denn nachts, Reffo?«

»Da schläft es natürlich bei mir im Zelt.«

Sie entgegnete kein Wort. Noch niemals hatte sie davon gehört, daß ein Tier zusammen mit einem Menschen die Nacht in einem Zelt verbrachte.

»Noch muß ich es anbinden, denn es flieht sofort,

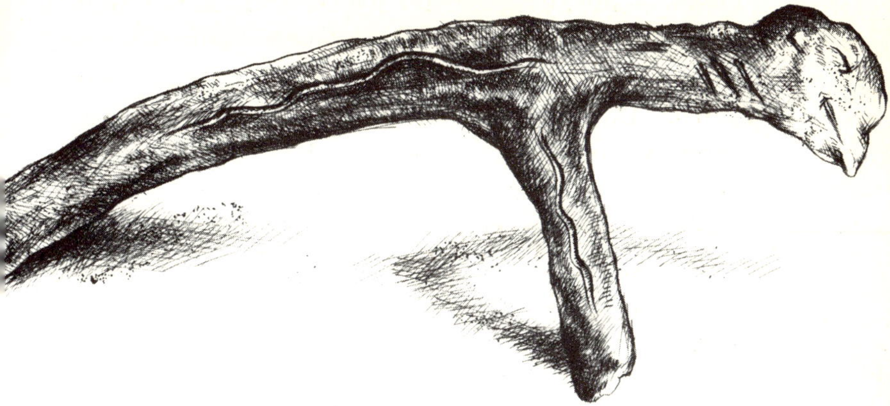

wenn es vor etwas erschrickt. Aber bald wird das auch nicht mehr nötig sein.«

Er saß mit gekreuzten Beinen vor seinem Zelt und schnitzte Verzierungen in ein Geweihbeil. Sie sah ihm zu und erkannte, wie an einer Geweihspitze ein Vogelkopf entstand. »Warum tust du das?«

»Weil ich weiß, daß ein Rentier sehr nützlich sein kann. Ich will es zähmen.«

»Oh«, sagte sie kopfschüttelnd, »ich meine eigentlich, warum du einen Vogelkopf in ein Beil einritzt.«

»Das Beil ist für Var bestimmt. Du weißt doch, daß der Vogel die Verbindung zwischen Priester, Urmutter und der Geisterwelt bildet.«

»Hat Var es so bestellt?«

»Nein, er hat nur ein Beil bestellt. Aber ich weiß, daß diese Verzierung ihm Freude macht.«

»Reffo, in einigen Nächten beginnt unser Sommertreck. Alle Familien stehen schon bereit, um den Rentieren zu folgen. Ich soll dir sagen, daß dein Vater in sechs Nächten aufbricht. Und daß du dann folgen mußt, aber in einigem Abstand.«

Er ließ die Hände sinken.

»Das ist gut«, sagte er. »Ich habe ja mein eigenes Zelt und werde der Gruppe folgen.«

Es war ihr einfach unverständlich, daß er so leicht darüber sprach, daß er scheinbar gar nichts dabei fand, als Ausgestoßener zu leben. Es schien ihm sogar Spaß zu machen. »Willst du das Rentier nicht lieber laufenlassen, Reffo, wenn du dich schon entschlossen hast, es nicht zu töten? Wenn du dich wieder so benimmst wie die andern, kannst du auch ohne weiteres wie früher in der Gruppe deines Vaters mitziehen.«

Sein Gesicht straffte sich, er hob ungeduldig die Hand. »Davon verstehst du nichts. Ich nehme am Sommertreck teil. Und wenn die anderen nicht einsehen wollen, daß ich etwas Wichtiges für den Stamm tue, dann werde ich ihnen das am Ende des Sommers beweisen. Ein Sommer genügt nach meiner Meinung, um ein Rentier zu zähmen. Vergiß nicht, was ich dir jetzt sage: Wenn wir uns im Herbstlager wieder begegnen, werde ich dir etwas zeigen...«

Sie hörte wohl, was er sagte, aber sie glaubte ihm nicht. Um ihn nicht zu verärgern, wechselte sie schnell das Thema.

»Laki sagt, daß auf der Kälberweide ein weißes Rentier geboren worden ist. Er jagt schon ein paar Tage hinter dem Tier her, aber er kriegt es nicht zu fassen.«

Reffo sah kurz von seiner Arbeit auf. Dann sagte er: »Vielleicht gelingt es Gorm. Ich glaube, daß Oena das wohl möchte.«

Losse sah Reffo verblüfft an. Was meinte er mit diesen Worten? Hatte er gemerkt, daß Gorm Oena nicht gleichgültig war? Reffo war kein gewöhnlicher Mann, er konnte manches, was andere nicht konnten, und er sagte manchmal Seltsames, das nur in den Ohren Vars, des alten Priesters, Gnade fand. War Reffo vielleicht, genau wie Var, von der Urmutter besonders ausgezeichnet?

Sie richtete sich eilig aus der Hocke auf. »Ich muß zurück, heute abend soll noch Mark ausgekocht werden.«

»Wann brecht ihr denn auf?«

»Gleich nach dem Frühlingsfest, also jetzt noch zwei Nächte. In sechs Nächten zieht dein Vater fort und du mit ihm. Im Herbst sehe ich dich wieder, Reffo, ich hoffe, daß du dann wieder in Boles Hütte wohnst.«

Darauf antwortete er mit keiner Silbe. Er trug die Geräte herbei, die er in den letzten Tagen fertiggestellt hatte. »Hier, nimm das mit. Gib Var sein Geweihbeil! Und viel Vergnügen beim Frühlingsfest!«

Sie nahm die beiden Beutel, die er ihr reichte, und ging. Als sie sich noch einmal umwandte, sah sie, daß er schon wieder bei seiner Arbeit war. Sie hatte ihn eigentlich fragen wollen, ob auch er meinte, daß Oena und Gorm..., aber sie hatte es dann doch nicht getan. Wenn Oena selbst nichts preisgab, dann wollte sie das als Geheimnis bewahrt wissen. Dann ging es niemanden etwas an, wie sie über Gorm und Laki dachte. Hatte Reffo vielleicht andeuten wollen, daß Oena nicht zu Laki paßte? Und wollte Oena wirklich, daß Gorm das weiße Rentier erlegte? Aber dann schenkte er es vielleicht Haja. Denn selbst die kleine Losse verstand sehr gut, daß die schöne Tochter des Stammeshäuptlings für einen eitlen Mann wie Gorm eine reizvolle Partie war.

Tief im Westen ging die blutrote Abendsonne langsam unter. Die Vögel suchten sich ihre Schlafplätze in den Bäumen. Im Lager entflammten neue große Feuer. Sie ging schneller, denn sie wußte, daß man auf sie wartete. Es mußte die Marksuppe für morgen gekocht werden.

Und das ging nicht im Handumdrehen. Bei den Feuern stand Oena, das Gesicht von der Anspannung gerötet, sie hob schwere heiße Steine in das Wasser. Die Arbeit lenkte sie etwas vom Grübeln ab, aber ihre niedergechlagene Stimmung besserte sich nicht.

Es ist am besten für mich, wenn wir weiterziehen, dachte sie. Sie hatte sich so auf das Frühlingslager gefreut. Aber jetzt geschahen zu viele Dinge, die sie ratlos machten. Die Konkurrenz zwischen Laki und Gorm konnte sie nicht länger mit kühlem Interesse und wie aus weiter Ferne verfolgen. Sie war nun selbst in den Streit einbezogen und hoffte von Herzen, daß es Laki nicht gelänge, das Rentier zu erbeuten. Denn noch immer zog es sie mehr zu Gorm hin. Aber warum beachtete Gorm sie so wenig? Andererseits konnte sie nicht feststellen, daß er einer anderen Frau besondere Aufmerksamkeit schenkte. Es kam ihr vor, als ob er die Frauen überhaupt nicht wahrnehmen wollte. Aber Gorm war so eitel, daß sie ihn im Verdacht hatte, sich mit Absicht so zu verhalten. Er wollte wohl vor allem ganz deutlich zeigen, daß er, Gorm, kriegen konnte, wen er wollte, daß er kein besonderes Geschenk brauchte, um die Gunst der Frauen zu erringen. Und damit wußte Oena auf einmal nicht mehr, ob Gorm nun wirklich der Mann war, den sie haben wollte. Laki zeigte sich wenigstens aufmerksam. Was zog sie denn zu Gorm hin? Er ist der Tapferste, er ist der Stärkste. Aber plötzlich stellte sich ihr die Frage: Und was noch? Ist das am wichtigsten? Kann ich davon ein Leben lang zehren? Ist es nicht wichtiger, mit einem Mann zu ziehen, der mich wirklich gern hat? Der Rücksicht auf seine Frau und seine Kinder nimmt? Der Gedanke an eine Familie mit Kindern verstörte sie erneut. Gorm würde später bestimmt ein bedeutendes Familienoberhaupt, ähnlich wie

Bole. Aber zunächst mußte er natürlich eine Frau aus einer anderen Gruppe suchen und eine Familie gründen. In zwei Nächten löste sich das Lager auf, genau wie die großen Herden auf den Rentierweiden, die sich auch teilten. Dann dauerte es wieder bis zum Herbst, bevor alle, Rentiere und Menschen, erneut hier auf der offenen Ebene am Opfersee zusammentrafen. Im Herbst wurden die Verbindungen geschlossen. Aller Wahrscheinlichkeit nach würde auch sie im Herbst das Zelt ihres Vaters verlassen und den Winter in der Höhle des Mannes zubringen, der sich für sie entschieden hatte. Laki wollte sie, das hatte er deutlich gezeigt. Wie konnte sie bloß erfahren, was Gorm von ihr hielt? Was sollte sie tun?

Wenn man nicht wußte, was man tun sollte, sollte man nichts tun. Insofern war sie froh, daß das Frühjahrslager aufgelöst wurde.

Das Fest begann mit der Opferung des Bärenschädels. Als Dank an die Urmutter, die für eine gesegnete Frühjahrsjagd gesorgt hatte, widmete Var ihr den Schädel des von Gorm getöteten Bären. Er besprenkelte den Schädel mit dem frischen Blut eines eben getöteten Rentiers und sprach dabei die uralten Beschwörungsformeln. Dann mußte der Schädel in eine hohe Birke gehängt werden. Für das Klettern war Var zu alt. Deshalb kam diese Ehre Gorm zu, dem Bärentöter. War Gorm wirklich der Bärentöter?

Alle wußten, daß sechs Mann ihm zu Hilfe geeilt waren, um das starke Tier abzustechen, aber Gorm hatte es verwundet und in eine Fallgrube gelockt. Niemand bestritt ihm die Ehre.

Wie dachte Gorm selbst darüber? Wenn er vielleicht auch Zweifel hatte, er ließ sich nichts anmerken. Er führte sich auf wie der große Held und machte ein Schauspiel aus der Art, wie er den Schädel an Sehnen in der Baumkrone aufhängte.

Danach begann das Fest erst richtig. Die Frauen trugen die Marksuppe herbei. Sie war eine ganze Nacht und einen ganzen Tag durch erhitzte Steine in den Fellsäcken kochend gehalten worden. Es war eine enorme Arbeit, die Suppe in den Wassersäcken, in denen die zerschlagenen Markknochen der reichen Jagdbeute steckten, zuzubereiten. Immer wieder mußten die erhitzten Seine in die zwischen Stangen hängenden Fellsäcke eingelegt und, nachdem sie abgekühlt waren, herausgeholt und durch andere ersetzt werden. Dieses Hin- und Herräumen der glühendheißen Steine war allerschwerste Arbeit. Sie erforderte Geschicklichkeit und Kraft. Man benutzte dazu die breiten Geweihenden des Elchs oder die Schulterblätter vom Wisent. Saftige Rentierkeulen wurden gebracht und hölzerne Näpfe mit einer besonderen Leckerei, auf die alle versessen waren: den halb verdauten Mageninhalt von erst kürzlich getöteten Rentieren.

Im Frühling war genug für alle da. Das machte fröhlich, denn berauschende Getränke gab es jetzt noch nicht. Es war noch nicht so weit, daß man Früchte reifen und gären ließ. Jeden Herbst sammelte man Vorräte von gegorenen Beeren und anderen Früchten, aber in dem langen Winter war auch der letzte Rest für die Versorgung von Kranken und Verwundeten verbraucht worden.

Die älteren Männer und Frauen saßen in weitem Kreis um das Lagerfeuer, während Var die Trommel mit den Rentierknochen rührte. Die Schläge forderten zum Rentiertanz auf. Alle klatschten in die Hände und wiegten sich im Rhythmus der Trommel und des Gesangs hin und her. Junge Männer mit einem Kopfschmuck aus Rentiergeweih tanzten die altbekannten Schritte. Abwechselnd stellten sie Jäger und Beute dar. Immer mehr junge Männer beteiligten sich an dem Tanz, den einzelne begonnen hatten, und das Trommeln klang immer wilder. Plötzlich sprang Gorm, der mit dem um die Schultern geschlagenen schweren Bärenfell und dem ansehnlichen Geweih, das er auf dem Kopf trug, noch eindrucksvoller aussah als die anderen, aus der Gruppe heraus, faßte Oena beim Arm und zog sie in den Kreis der Tanzenden.

Das war das Zeichen für die anderen Tänzer, sich auch eine Frau aus dem Kreis der Umstehenden zu holen. Oena wußte nicht, wie ihr geschah. Die ganze Zeit hatte sie gemeint, daß sie für Gorm gar nicht mehr existierte, daß er keinen Gedanken mehr an sie verschwendete. Und in einem Augenblick, in dem sie es am allerwenigsten erwartete, wählte er sie aus für den Rentiertanz. Sie bewegte sich im Rhythmus des eintönigen Gesanges und der Trommelschläge, als sei sie körperlos wie ein Schatten, der dunkel von den auflodernden Flammen abstach. Während des Tanzes wurde nicht gesprochen – dafür reichte bei niemandem der Atem. Gesichter flogen an Oena vorbei, sie konnte kaum jemanden erkennen.

Da, auf einmal, das Gesicht von Haja! Im flackernden Flammenspiel waren ihre Wangen kalkweiß, ihre Lippen zusammengekniffen. Aber in ihren Augen blitzte eine Feindseligkeit, die Oena erschreckte. Dann war auch Hajas Gesicht wieder nur ein Schatten im Halbdunkel. Wilder und wilder wurde der Tanz, immer mehr Stammesangehörige nahmen daran teil. Jetzt auch die älteren Männer und Frauen – es waren nur noch ganz wenige, die sich ausschlossen. Es gab Augenblicke, da tanzte Oena allein, Gorm war nicht bei ihr, doch kurz darauf tauchte er wieder auf und schwenkte sie herum, daß ihr fast schwindlig wurde und sie sich kaum auf den Beinen halten konnte. Dann fühlte sie, wie jemand sie beim Arm griff, sie zur anderen Seite drehte und sie aus dem Lichtschein herausführte, Laki! Er lachte, aber in seinen Augen lag eine Herausforderung, und er sagte mit drohender Stimme: »Ich bringe dir das weiße Rentier. Denk daran, ich gebe keine Ruhe, bis ich es erlegt habe.«

Ehe sie etwas entgegnen konnte, war er in der wirbelnden Menge verschwunden, sie sah ihn nicht mehr.

Jedes Gefühl für Zeit schien ausgelöscht. Die Nacht dehnte sich endlos. An der anderen Seite des Sees saß Reffo, die Beine gekreuzt, vor seinem Zelt unter einem Baum. Er sah die lodernden Feuer in der Ferne, seine scharfen Augen erkannten auch die tanzenden Schatten, er hörte, wenn auch gedämpft, das Dröhnen der Trommel und das auf und nieder wogende Stimmengewirr.

Neben ihm lag das Rentier. Sein Kopf ruhte auf dem Oberschenkel seines Herrn. Reffo streichelte dem Tier, ohne daß er besonders darauf achtete, das Fell. Obwohl er aus der Ferne die einzelnen Menschen nicht unterscheiden konnte, meinte er zu ahnen, was drüben geschah. Seine Lippen verzogen sich unbewußt zu einem Lächeln.

Gorm oder Laki, dachte er. Wer wird es sein, Oena? Ohne, daß ihm jemand etwas gesagt hatte, wußte er, daß sich da drüben ein Konflikt anbahnte, ein Streit innerhalb des Stammes, eine Uneinigkeit zwischen verschiedenen Familiengruppen. Aber er wußte auch, daß vorläufig nichts davon an die Öffentlichkeit drang. Erst später, wenn sich alle Gruppen wieder im Herbstlager trafen, würde der Streit offen losbrechen, der in Wirklichkeit jetzt schon begonnen hatte.

Reffo verspürte nicht das geringste Bedürfnis, an dem Frühlingsfest teilzunehmen. Was für ihn als Strafe gedacht war, empfand er als Belohnung. Niemand wollte etwas mit ihm zu tun haben, aber es würde ihn auch niemand an der Ausführung seiner Pläne hindern können. Er spürte, daß er erfolgreich sein würde, wenn man ihm nur genügend Zeit ließ. Der Sommer brach jetzt an, ein Sommer, den er in nur lockerer Verbindung mit der Gruppe verleben konnte. Er wußte, daß sie ihn in Ruhe ließen, solange er seine Arbeit erledigte, solange er dafür sorgte, daß alle Reparaturen pünktlich fertig waren und genügend Vorräte an neuen Geräten und neuen Waffen zur Verfügung standen. Was er außerdem noch tat, so weit vom Familienzelt entfernt, ging niemanden etwas an. Im Herbst, so hoffte er, konnte er vorzeigen, was er mit endloser Geduld erreicht hatte, dann konnte er vorführen, welchen Nutzen ein lebendes Rentier zu bringen vermochte. Alles in allem war Reffo zufrieden mit dem Gang der Ereignisse und innerlich überzeugt von der Richtigkeit seiner Überlegungen.

Haja

In der großen Familie von Bole und Mare hatte Haja stets einen besonderen Platz eingenommen. Nicht so sehr als erstes Mädchen nach fünf Jungen, sondern weil sie ganz anders war als die anderen. Schon als kleines Kind hatte sie etwas, das sie deutlich abhob, etwas Hochfahrendes und Unnahbares.

Vielleicht lag es daran, daß die älteren Brüder das

Schwesterchen nur allzu gern verwöhnten. Stets bekam sie die besten Bissen zugesteckt, den besten Platz am Feuer, das wärmste Fell zum Schlafen. Jeder hatte seine bestimmte Aufgabe in der täglichen Arbeit und seinen Anteil an den unangenehmen Pflichten, die erfüllt werden mußten. Aber für Haja galt diese Regel nicht. »Laß nur, ich mach' das schon, sie ist noch so klein!«

Das Kind wußte die Gutmütigkeit der Jungen geschickt auszunutzen. Als Mare zwei Jahre nach dieser Geburt wieder ein Mädchen zur Welt brachte, war Haja schon vollkommen daran gewöhnt, stets ihren Willen durchzusetzen und andere für sich arbeiten zu lassen. Sie sorgte immer dafür, daß sie die Nummer eins blieb. Weil sie ein so schönes Kind war und jeden nach ihrem Willen beeinflussen konnte, war sie fast unauffällig zu einem herrschsüchtigen und verwöhnten Geschöpf geworden, ohne daß das nach außen allzu auffällig wurde.

In den großen Lagern fand sie niemals Freundinnen; manchmal schaute sie zu, wie die Mädchen ihres Alters im Frühlings- oder Herbstlager miteinander spielten, aber sie machte nicht den leisesten Versuch, sich ihnen anzuschließen, und es bat sie auch niemand darum. Mit den Jahren war Haja eine schöne junge Frau geworden.

Wenn sie durch das Lager ging, kerzengerade und mit federndem Schritt, sahen ihr viele nach, vor allem die jungen Männer. In ihrer schönen Jacke aus weichem Kalbsleder, verziert mit in rotem Ocker gefärbten Lederbiesen, mit blondem Haar, im Nacken mit einem Riemchen zusammengebunden und manchmal kokett mit einer Blume verziert, fiel sie immer auf. Ihre blauen Augen blickten aufmerksam in die Welt. Ihr entging nichts. Sie lachte selten, aber dann zeigte sie deutlich ihre regelmäßigen, weißen Zähne.

Jedesmal wenn der Stamm in dem großen Lager zusammentraf, war Haja schöner geworden und erwachsener. Obwohl sie ganz genau wußte, wie sehr sie auffiel, tat sie stets, als sei ihr das gar nicht bewußt. Natürlich beobachtete auch sie mit scharfen Augen die jungen Männer ihres Alters. Einzelnen widmete sie besondere Aufmerksamkeit, vor allem Gorm, dem Jagdfreund ihres Bruders Ake. Er war stolz und unnahbar, genau wie sie. Daß er nach außen hin unrührbar schien, reizte sie sehr. Da er regelmäßig mit Ake auf die Jagd ging, traf sie ihn häufiger in Boles Zelt als die anderen jungen Männer. Sie tat dann stets so, als sei er Luft für sie und machte sich manchmal ein Vergnügen daraus, ein besonderes Interesse an der Jagdbeute irgendeines anderen jungen Mannes zu zeigen.

Gorm verstand dieses Spiel, erst Aufmerksamkeit zu wecken und dann so zu tun, als sei nichts, sehr gut. Während er mit Ake sprach, beobachtete er sie scharf. Du eingebildetes Ding, dir werde ich es schon zeigen...

In diesem Frühjahr ergab sich für ihn eine gute Gelegenheit, sie aus der Reserve zu locken, weil er seit seinem erfolgreichen Abenteuer mit dem Bären allgemein bewundert wurde. In einer übermütigen Laune, nach einer besonders erfolgreichen Jagd, bezog er sie in das Gespräch mit ihren Brüdern ein und ging sogar so weit, ihr, als sie ihn darum bat, seine Kette mit den Bärenzähnen zu zeigen. Sie ließ den Riemen mit den durchbohrten Zähnen durch die Finger gleiten, betastete die scharfen Stellen und zeigte deutlich ihre Bewunderung für seinen Mut. Sie lächelte ihn sogar an, als sie ihn in schmeichelndem Ton bat: »Kannst du mir nicht einen davon geben, damit ich ihn an eine Kette hänge, als Glücksbringer?«

Einen Augenblick begegneten sich ihre Augen. Wenn sie will, kann sie sehr nett sein, dachte er, knüpfte in einer zärtlichen Aufwallung das Riemchen auf und ließ einen schweren Eckzahn in ihre Hand gleiten.

»Hier, der ist für dich!«

Zunächst war sie sprachlos, denn sie hatte natürlich nicht erwartet, daß er ihr so schnell zu Willen sein würde. In ihren Augen blinkte sogar so etwas wie Zuneigung auf. Sie lachte und knüpfte den Eckzahn an eine dünne Lederschnur, die sie sofort umband.

Nach diesem Ereignis zeigte sich an ihr etwas Besitzergreifendes. Wenn abends die Männer nach der Jagd in eifriger Unterhaltung am Lagerfeuer beieinander saßen, wußte sie es so einzurichten, daß sie in der Nähe war. Als eine der wenigen Frauen, die nicht ständig mit dem Verarbeiten der täglichen Beute beschäftigt waren, mischte sie sich in die Gespräche der Männer ein. Niemand schien das ungehörig zu finden.

Da sie so wenig mit den anderen Frauen sprach, dauerte es eine Weile, ehe bekannt wurde, daß Haja von Gorm ein besonderes Geschenk erhalten hatte. Doch von dem Augenblick an, als es bekannt wurde, dachte natürlich jeder, daß Gorm sich für Haja entschieden hatte. Eine kurze Zeit war das eine bedeutende Neuigkeit, aber im aufregenden Getriebe der täglichen Arbeit wurde sie schnell vergessen. Nur Oena dachte manchmal daran. Sie verspürte dabei einen Schmerz, aber sie hätte sich lieber die Zunge abgebissen, als darüber etwas zu sagen oder jemanden merken zu lassen, daß sie sich davon getroffen fühlte.

Und gerade in diesem Augenblick, als sie ihn vollkommen abgeschrieben hatte, als sie sicher war, daß er mit keinem Gedanken mehr an sie dachte, forderte er sie zum Rentiertanz auf.

Als sie in dieser Nacht in ihrem Schlafsack lag, kam es

ihr vor, als habe sie alles nur geträumt. Sie war so verstört, daß ihr das Erlebnis mit Laki kaum ins Bewußtsein drang.

Am folgenden Morgen, bei nüchternem Tageslicht, überprüfte sie der Reihe nach die Ereignisse des letzten Abends. Auf einmal sagte eine warnende Stimme in ihr: Er spielt mit dir. Er spielt mit dir und mit Haja.

Der Gedanke erzürnte sie. Sie mochte Gorm gut leiden, sie liebte ihn. Aber sie hatte ihren Stolz, sie wollte sich nicht als Spielball benutzen lassen.

Während sie gemeinsam mit den anderen Frauen aus Sians Gruppe damit beschäftigt war, das Lager abzubrechen und alle Besitztümer zusammenzupacken, gingen ihr die Ereignisse des Frühlingsfestes nicht aus dem Kopf. Zusammen mit Losse rollte sie die Fellabdeckung der Langzeithütte zusammen. Es war eine mühsame Arbeit, die Häute waren schwer und widerspenstig. Oena schwitzte. Während sie einen ledernen Riemen um das Häutebündel schnürte, sah sie plötzlich Haja vor sich stehen, untadelig wie immer in ihrer blitzsauberen Jacke mit den Lederbiesen. Sie hatte mit einem Band das Haar zusammengebunden, in dem wieder eine Blume steckte. Haja sah mit ihren kalten blauen Augen Oena voll an. Oena richtete sich aus ihrer gebückten Haltung auf und strich sich eine widerspenstige Haarsträhne aus dem Gesicht. Sie war sich ihrer schmutzigen Jacke und der drekkigen Hände peinlich bewußt. Aus welchem Grund kam Haja zu ihr? Warum sah sie so feindselig aus? Ehe sie Gelegenheit fand, diese Frage zu stellen, sagte Haja leise, aber deutlich: »Komm mir nicht in die Quere, Oena. Du glaubst doch nicht im Ernst, daß Gorm dich der Tochter eines Stammesoberhauptes vorzieht?«

Oena verschlug es die Sprache. Die Flammen plötzlicher Wut erfaßten sie, aber sie konnte so schnell keine Worte finden, um Hajas Angriff abzuwehren. Der anderen erschien ihr Schweigen als Zeichen der Ohnmacht. Ein boshaftes Lachen überzog ihr Gesicht. »Hör auf, Gorm lacht doch nur über dich!«

Bevor Oena etwas sagen konnte, erhielt sie Hilfe von unerwarteter Seite.

Wie eine Göttin der Rache sprang die kleine Losse auf. Schrill, so daß es weit hinausklang, schrie sie mit ihrer hohen Kinderstimme: »Ein Aas bist du, ein böses, eifersüchtiges Luder! Der Mann, der dich kriegt, ist fein angeschmiert! Du kannst nur schön sein, weil deine Brüder dich immer verwöhnt haben. Aber arbeiten mit deinen weißen Händchen – von wegen! Du bist faul und eitel und eifersüchtig. Du bist ein Nichts! Bah! Ich spucke auf dich.«

Und das tat sie auch sofort. Und nun war Hajas weiße Jacke nicht mehr fleckenlos.

Alle, die mit dem Abbrechen der Hütten beschäftigt waren, hatten es gehört. Obwohl sich niemand in den Streit einmischte, glitt ein Lächeln über die Gesichter der anderen Frauen. Es war deutlich, daß alle sich über Losses Angriff freuten.

Haja war vollkommen verblüfft. Sie versuchte, ihre hochmütige Haltung zu bewahren, drehte sich wortlos um und ging langsam zu ihrer Hütte zurück.

Von ihrem Erfolg angespornt, suchte Losse nach einem weiteren Schimpfwort. Mit schriller Stimme rief sie Haja nach: »Du Stück Rentierscheiße!« Und sie würde noch weitergeschimpft haben, wenn Oena ihr nicht die Hand vor den Mund gehalten hätte.

»Jetzt ist es genug, Losse!« Aber sie lachte dabei und strich ihrer Schwester liebevoll übers Haar.

»Wie kann sie es wagen... Wie kann sie...«, sprudelte es noch aus Losse heraus. »Sie hält sich selbst für besser als andere, weil sie die Tochter eines Häuptlings ist. Aber was ist sie in Wirklichkeit? Faul und lahm und dumm. Stell dir vor, du müßtest mit ihr auf den Treck, als Mann!«

Diese letzten Worte blieben Oena im Gedächtnis und vertrieben die düsteren Gedanken. Ihre kleine Losse hatte recht. Worüber regte sie sich auf? Morgen begann der Treck. Den ganzen Sommer lang würde sie Haja nicht mehr begegnen. Und was danach kam, konnte heute noch niemand voraussehen...

Der Treck ins Sommerland

Der Große Strom war die Leitlinie im Leben des Stammes. Er war es immer gewesen, er würde es immer bleiben, er war der Lebensweg aller Gruppen des Stammes. Wenn sie aus den Winterhöhlen kamen, folgten sie ihm in nördlicher Richtung bis in die Nähe des Frühlingslagers, das etwas westlich davon lag. Da jetzt der Sommertreck begann, suchten sie erst das vertraute Strombett auf, um ihm ins Sommerland zu folgen.

Als die Rentierherden sich in kleine Gruppen aufzuteilen begannen, löste sich auch das große Frühlingslager auf. Auf der offenen Fläche blieben die Hüttengestelle stehen, sie sahen aus, als seien sie Gerippe längst ausgestorbener Tiere. Neben den vielen Langzeithütten standen Vorratsregale auf hohen Pfählen. Dort wurde alles aufbewahrt, was die Gruppe im Sommer nicht benötigte.

Da jetzt kein Schnee mehr lag und die Lasten mühsam getragen werden mußten, wurde alles nicht sofort Notwendige bis zum Herbst zurückgelassen.

Gorms Bärenfell zum Beispiel, das so schwer war, daß man keinen Mantel daraus machen konnte, und alle Winterkleidung, weil man im Sommerland Jacken und Hosen aus gegerbtem Kalbsleder trug. Es war eine heillose Arbeit, alle Wintersachen zu lüften und vorschriftsmäßig zusammenzulegen. Man faltete sie, band sie zusammen, legte einige neue Rentierfelle darauf, schützte sie gegen den Regen durch eine dicke Schicht Birkenrinde und Grassoden, beschwerte sie mit Steinen und ganz obenauf mit einigen Birkenstämmen, damit der Wind sie nicht wegtragen konnte.

Es war jedes Jahr wieder eine mühselige Arbeit, stabile Lagergestelle zu bauen, die ein Stück über dem Boden liegen mußten, um vor den wilden Tieren geschützt zu sein. Geräuchertes Fleisch und Fett mußte besonders gesichert werden, weil man sonst bei der Rückkehr nichts mehr davon vorfand. Allerlei Wurzeln, die im Sommerland nicht verzehrt wurden, weil man dort im Überfluß lebte, wurden für die schlechtere Zeit aufbewahrt, auch große Feuersteinkerne schleppte man nicht unnötig mit. Man ließ sie zurück, um sie im Winter zu bearbeiten. Mit viel leichterem Gepäck als bei der Anreise brachen die Gruppen eine nach der anderen wieder auf. Der Treck ins Sommerland dauerte ungefähr zehn Tage, zweimal unterbrochen von Zwischenlagern, in denen man sich einige Tage ausruhte.

Wo der Große Strom sich ziemlich unvermittelt nach Westen wandte, veränderte sich die Landschaft: Flächen mit Weidengesträuch, Heide und Moore wechselten sich ab. Am Ufer wurden die Sträucher nur kniehoch. Am Fuß der Hänge, wo sie gegen den ewigen Wind einigermaßen geschützt waren, wurden sie etwas höher. Dort reichten sie bis zur Hüfte und boten Schutz für die Nester der Moorhühner, Kampfläufer, Schwäne und wilden Gänse, die eine herrliche Abwechslung zum täglichen Einerlei des Rentierfleisches boten. Die Gruppen verließen das Frühlingslager immer gut genährt. In der Zeit des Überflusses setzten alle Stammesmitglieder Fett an, nach dem rauhen, entbehrungsreichen Winter wuchs ihre Wider-

standskraft wieder. Der Sommertreck war eine abwechslungsreiche Zeit.

Oena genuß die weite Aussicht über die Ebene. Wenn der Wind über die bis zum Horizont reichenden Sträucher strich, glichen die grünen und grauen Blätter den Wellen eines ungestümen Stromes. Oena wußte, daß der Anblick bei der Rückreise am Ende des Sommers durch die bunte Färbung der Blätter noch schöner war. Dann waren auch hier und da, wo blaue Heidelbeeren reiften, rötliche Flächen zu sehen.

In den tieferen Senken, wo während des ganzen Sommers das Wasser in Kolken stand, und an den Ufern der flachen Tümpel grünten Moose und Gräser, Reisigholz fürs Feuer gab es hier in Hülle und Fülle. Die Weidenzweige brannten gut, und wo der Große Strom in die Ebene mündete, war immer Treibholz zu finden, das aus den Uferwäldern des Oberlaufs mitgeführt wurde. Manchmal bestand die Gefahr, in den Morast einzusinken, denn die gefährlichen Stellen waren an ihrer Färbung kaum zu erkennen, aber Sian machte sich darüber keine großen Sorgen, denn er wußte, daß man nicht weiter als bis zu den Knien, höchstens mal bis zur Hüfte einsank, weil der Boden darunter immer gefroren war.

Während sie so am Großen Strom langsam westwärts weiterzogen, konnte Oena ihren Gedanken freien Lauf lassen. Das Land wurde immer flacher, die Sicht immer weiter. Manchmal fühlte sich der Boden so federnd an, daß man zu schweben meinte. Dann wieder sackte man ein, und wenn man nicht aufpaßte, lief das Wasser in das Schuhwerk.

Wo mochte Gorm jetzt sein? Nach dem Frühlingsfest, bei dem er sie als erster zum Tanz geholt hatte, schien er sich kaum noch um sie zu kümmern. Aber auch nicht um andere Frauen, das wußte sie genau. Sie hatte sorgfältig darauf geachtet. Seine Gruppe war als erste ins Sommerland aufgebrochen.

Und wo war Laki? Es war eine Erleichterung für Oena, daß er das weiße Rentier noch nicht erlegt hatte, als er das Frühlingslager verließ. Nach seiner Meinung befand es sich bei dem Rentierrudel, dem seine Familie folgte. Oena wußte, er würde keine Ruhe geben, bis er seinen Plan ausgeführt hatte. Aber vielleicht irrte er sich, und das Rentier befand sich in einem ganz anderen Rudel. Das hoffte sie. Sie verabscheute Laki keineswegs. Er war ihr in ihren Mädchenjahren ein guter Kamerad gewesen, mit dem sie oft gespielt hatte und den sie gern mochte. Aber wenn sie ihn mit Gorm verglich, dem Bärentöter, dann wußte sie doch genau, daß sie Gorms Frau werden wollte. Warum eigentlich? Gorm behandelte sie mit weit geringerem Respekt als Laki. Gorm war nicht fröhlich und sorglos, eher sprunghaft und launisch, vor allem, wenn es nicht nach seinem Willen ging. Er war allgemein geachtet und wurde von den Altersgenossen bewundert. Und von Haja! dachte sie, und das versetzte ihr einen Stich ins Herz. Haja, die sich selbst zu gut für alle hielt, außer für Gorm. Es war beruhigend, daß vorläufig keine Entscheidung getroffen werden mußte, weder von ihr noch von Gorm. Der Sommer dauerte noch lang. Oena sah den Vögeln nach, die ihre luftigen Kreise zogen. Sie liebte die Vögel und dachte oft, daß es herrlich sein müßte, so frei und unbekümmert zwischen Himmel und Erde schweben zu können. Sie schlug sich vorläufig Gorm, Laki und das weiße Rentier aus dem Kopf und freute sich auf das Sommerlager am Ufer des Sonnensees.

Boles Gruppe verließ als eine der letzten das Frühlingslager. Kurz vor dem Aufbruch entspann sich noch einmal ein Streit in der Hütte. Da Sians Gruppe und mit ihr Losse schon unterwegs war, mußte jemand anders Reffo sein Essen und die Feuersteine bringen. Dazu hatte niemand Lust.

»Laß ihn nur selbst für sein Fleisch sorgen«, rief Ake. »Ich sehe nicht ein, warum er auf der faulen Haut in der Sonne liegen soll, während wir auf die Jagd gehen müssen, um seinen Hunger zu stillen.«

Natürlich war das keine gerechte Darstellung der Tatsachen, aber Ake fand Beifall bei seinen Brüdern. »Gemütlich in der Sonne sitzen und ein bißchen an den Feuersteinen basteln, Verzierungen einritzen, die niemandem nutzen... Das möchten wir wohl alle. Er wird bedient, als sei er der wichtigste Mann in der Familie und keineswegs ein Ausgestoßener...«

Auch Bole war gereizt. Er hatte gehofft und sogar ziemlich fest damit gerechnet, daß Reffos Laune mit dem Rentier bald ein Ende fand. Es hatte ihn erstaunt, daß Reffo die Nachricht, die ihm von Losse überbracht worden war, vollkommen ungerührt angehört hatte. Gut, sie würden also das Frühlingslager verlassen, und er würde hinter ihnen herziehen. Mit seinem Rentier! Bole hatte mit dem alten Var darüber gesprochen, aber der Priester sagte wieder nur: »Laß ihn in Ruhe, Bole! Warte ab!«

»Reffo liegt nicht auf der faulen Haut. Er arbeitet. Und du weißt, daß seine Geräte, vor allem seine Harpunen, aber auch seine Feuersteingeräte besser sind als eure. Er hat eine andere Arbeit.«

Es war die friedliebende Mare, die nun in den Streit eingriff. Sie konnte es nicht ertragen, daß ihr jüngster Sohn von allen Seiten zugleich angegriffen wurde.

»Wir können genauso gut Harpunen schneiden...«, rief Ake.

»O ja? Wenn du das meinst, warum benutzt ihr dann seine Stücke auf der Jagd? Warum schneidet ihr die Harpunen dann nicht selbst?«

»Wenn wir hier aufbrechen, dann soll er selbst für sein Fleisch sorgen«, sagte Bole, um den Frieden in der Hütte wieder herzustellen.

»Auf dem Sommertreck kann er ohne Schwierigkeiten genug Moorhühner und anderes Kleinwild erlegen. Auf der Rentierjagd wollt ihr ihn ja doch nicht dabeihaben.«

Damit war der hitzige Streit ein wenig abgekühlt.

Var, der Priester, hatte beschlossen, Boles Gruppe auf dem Sommertreck zu begleiten. Das wunderte niemanden und erregte keinerlei Aufsehen. Sie waren gewohnt, daß er einmal mit dieser, dann mit jener Familie zog. Nun war eben Boles Gruppe an der Reihe. Bole war mit Vars Beschluß sehr zufrieden. Er konnte nun ab und zu mit dem Priester wichtige Fragen beraten, auch wenn der stets sein eigenes Zelt benutzte und es etwas abseits von den anderen aufschlug.

Daß Var noch einen anderen Grund haben konnte, sich Boles Gruppe anzuschließen, kam ihm nicht in den Sinn.

Das Wetter zeigte sich nicht von der besten Seite. Frühjahrsstürme rüttelten an den Zelten, Regenschauer prasselten nieder und weichten den schon sumpfigen Boden noch stärker auf. Es war nicht einfach, das Feuer mit nassem Holz zu entzünden.

Wer war der erste, der es aussprach? »Die Geister sind uns nicht günstig gesinnt. Das liegt an Reffo. Er hat die Ordnung gestört.«

Am Vorabend des Tages, an dem Boles Gruppe das vertraute Frühlingslager verlassen wollte, brach ein gewaltiges Unwetter los. Der alte Priester hatte am Feuer in Boles Zelt sein Abendessen verzehrt und war gerade dabei, in sein eigenes Zelt zurückzukehren, als ein gewaltiger Donnerschlag weit über das Land rollte. Alle erstarrten vor Schreck. Zitternd schlug Mare den Vorhang zurück und sah hinaus. Der Blitz war in den hohen Himmelsbaum mit dem heiligen Vogel eingeschlagen, der aus dem Dach von Vars Zelt emporragte. Das ganze Zelt lag verkohlt am Boden. Hätte sich der Priester in diesem Augenblick in seinem eigenen Zelt aufgehalten, es wäre sein Tod gewesen.

»Wieder ein Zeichen!« rief Ake als erster. »Die Urmutter ist erzürnt über uns. Das kann nur an Reffo liegen...«

Angst und Schrecken sind schlechte Ratgeber. Wenn Bole in diesem Moment gezeigt hätte, daß auch er Akes Meinung zuneigte, hätten die Brüder ihre Wut an Reffo gekühlt. Aber Bole verhielt sich still. Vermutlich, weil Var so schnell eingriff. Der Priester sah von Boles Zelt über das Lager, auf das der Regen niederrauschte und über das immer noch der Donner rollte, der nun langsam nach Osten abebbte. An der anderen Seite des Opfersees war undeutlich Reffos Zelt zu erkennen. Es stand noch unversehrt.

»Die Geister haben ein Zeichen gegeben«, sagte Var ungerührt. »Aber die Urmutter ist nicht über Reffo erzürnt. Sonst wäre Reffo vom Himmelsfeuer ergriffen worden. Es ist ein Zeichen, aber ich weiß es noch nicht richtig zu deuten.« Diese Nacht verbrachte Var in Boles Zelt.

Das Unwetter bewirkte, daß die Gruppe ihre Abreise um einige Nächte verschieben mußte. Eilig nähte man für den Priester ein neues kleines Zelt aus den Rentierhäuten der Vorräte.

Zwischendurch stattete Var Reffo einen Besuch ab. Er stapfte durch den Morast, während der Regen auf ihn niederströmte. Seine weißen Haare flatterten naß im Wind. Aus Reffos Zelt stieg kein Rauch. War er nicht da, schlief er vielleicht? Var beugte sich vor und schlug den Vorhang zurück. Etwas stob an ihm vorbei, er hörte die jedem Jäger so vertrauten Geräusche, das Knacken der Fußgelenke eines Rentiers. Es war dunkel im Zelt. Ganz undeutlich erblickte Var die Umrisse eines Mannes, aber er erkannte die Stimme Reffos, der sagte: »Erschrick nicht, das war nur mein Rentier.« Var schüttelte den Regen von seiner Jacke und hockte sich neben die kalte Herdstelle.

»Läßt du es so einfach weglaufen?«

»Es kommt schon wieder zurück. Das Tier ist so an mich gewöhnt, daß ich es nicht mehr anzubinden brauche. Aber wenn so plötzlich ein Fremder kommt, erschreckt es sich natürlich.«

»Denkst du wirklich, daß es zurückkommt?«

Der Gedanke war ihm so fremd, daß der alte Mann es nicht glauben konnte.

»Wenn du eine Weile ganz ruhig sitzen bleibst, wirst du es gleich sehen.«

Reffo war klar, daß der Besuch von Var ein bestimmtes Ziel verfolgte, aber er wollte warten, bis der andere begann. Draußen rauschte der Regen. Niemand hatte Eile. »Ich zünde inzwischen das Feuer an.«

Reffo holte aus einem Beutel einen dickeren trockenen Ast, einige kleinere Zweige, etwas Moos und legte alles auf die Herdstelle. Er saß auf einem großen Stein, hielt mit den Füßen den Ast fest, setzte einen spitzen Stock in eine Vertiefung des Holzes und begann den Stock zwischen seinen Händen zu drehen, schneller und immer schneller.

Var sah zu, als habe er noch nie jemanden Feuer machen sehen. Es dauerte lange, aber schließlich war die Reibungshitze so groß, daß Rauch aufstieg. Endlich sprang ein Funke auf, den Reffo geschickt anblies, während er das trockene Moos nachschob. Dann dauerte es nicht mehr lange, bis aus einem prasselnden Feuer etwas Wärme in das klamme, dunkle Zelt strömte.

Var seufzte behaglich und streckte seine schmerzenden Beine zum Feuer hin.

Nachdem Reffo den Deckel des Rauchlochs weggeschlagen hatte, damit der aufsteigende Qualm abziehen konnte, wurde der Alte lebendig.

»Mein Zelt ist vom Blitz getroffen worden.«

»Ich weiß es.«

»Sie haben schon ein neues Zelt für mich genäht, aber der Himmelsbaum mit dem Vogel ist zerstört. Den brauche ich für die Verbindung mit den Geister und der Urmutter...«

»Ich mache einen neuen für dich, sobald ich einen geeigneten Baum finde. Ich schnitze auch einen neuen Vogel für dich...«

»Ja, darum wollte ich dich bitten.« Stille.

»Auch mein Geweihbeil mit dem Schneehuhnkopf ist fort.«

Reffo wußte, wie wichtig diese Dinge für den alten Mann waren. »Sei nicht beunruhigt, ich mache ein neues Geweihbeil und ritze auch wieder den Kopf eines Schneehuhns hinein.«

Schweigen.

»Deine Brüder sagen, daß du die Ordnung gestört hast und daß das der Grund für den Blitzschlag ist.«

»Glaubst du das auch?«

Es dauerte lange, bis der Priester darauf antwortete. Es

war, als müsse er sich überwinden. Dann sagte er voller Überzeugung: »Nein. Wenn die Urmutter erzürnt ist, weil du die Ordnung gestört hast, dann straft sie dich und nicht mich oder einen anderen.«

Was mag er von mir wollen? fragte sich Reffo. Er ist mit einer bestimmten Absicht hierhergekommen.

»Du willst anders leben, als unser Volk seit seiner Entstehung gelebt hat. Warum, Reffo? Was willst du damit erreichen?«

Da er nun so direkt nach den Dingen gefragt wurde, die ihn schon so lange Zeit beschäftigten, kamen ihm die Worte wie von selbst.

»Solange das Jägervolk lebt, jagt es Rentiere. Es gibt viele Rentiere, aber es kommen immer noch mehr Jäger. Ich meine, die Jagd auf Kälber muß aufhören. Ich habe es schon gesagt: Wenn wir die Kälber töten, bevor sie selbst Junge geworfen haben, kommt eine Zeit, in der es nicht mehr genug Rentiere gibt. Wie sollen die Jäger dann am Leben bleiben? Im Sommer gibt es genug anderes Wild, aber wie überwinden wir die schlechten Zeiten und die rauhen Winter? Außerdem ist es sinnlos. Ein erwachsenes Rentier liefert mehr Fleisch, das junge Tier ist nur zarter, schmackhafter. Sind wir zahnlose alte Weiber geworden, die nur Kalbfleisch lutschen können, oder ist es die Genußsucht, die uns in den Untergang treibt?«

Die Worte strömten nun wie ein Wasserfall. Auf einmal klang ein scharfer Ton in Reffos Stimme. »Ich weiß, daß ich nicht der beste Jäger bin. Ich kann anderes besser. Aber das ist es nicht allein. Ich weiß, daß wir töten müssen, um am Leben zu bleiben. Aber das sinnlose Töten geht mir gegen die Natur. Ich töte aus Selbsterhaltungstrieb und nicht, weil ich es gern tue oder weil es mir gefällt.

Natürlich können wir nicht leben ohne Rentiere, ohne die Haut, die Sehnen, das Geweih, die Knochen, den Mageninhalt. Aber es ist ein Vergehen gegen das, was die Urmutter gewollt hat, wenn wir aus reiner Genußsucht frischgeborene Kälber töten. Es ist auch keine Ehre damit einzulegen, es hat nichts mit Mut oder mit Geschicklichkeit oder Jägerleidenschaft zu tun. Es ist einfach eine unwürdige, mühelose Beute. Das will ich nicht, und ich tue das auch nicht.«

Der alte Mann lauschte mit wachsender Aufmerksamkeit.

»Was die Jagd betrifft, so bin ich mit dir einig. Es gibt nur wenige Jäger, die soweit in die Zukunft vorausschauen. Ich werde mit den anderen darüber reden, obwohl ich jetzt schon weiß, daß es ein mühseliges Gespräch sein wird. Aber das andere..., das mit dem Töten von eben geworfenen Kälbern nichts zu tun hat... Warum, Reffo, versuchst du ein junges Rentier an dich zu gewöhnen? Wie kannst du in einem Zelt mit einem Tier schlafen?«

Vor dem Zelt war ein Geräusch zu hören.

»Still«, flüsterte Reffo, »beweg dich nicht...«

Ein Zipfel des Vorhangs wurde beiseite geschoben. Ein Rentier steckte den Kopf nach innen. Der alte Mann saß bewegungslos am Feuer. Er sah, wie das junge Tier hereinkam und sich ruhig neben den Eingang legte.

Reffo stand auf, strich ihm leicht über den Kopf und schob ihm etwas Moos zu, an dem es sofort zu knabbern begann. Dann setzte er sich wieder ans Feuer.

»Ein Rentier ist schnell und stark. Ein Rentier kann sich an einen Menschen gewöhnen, solange er es nur gut versorgt. Begreifst du, daß es uns auch lebend von Nutzen sein wird, wenn man es zähmen kann? Ich bin sicher, daß es Lasten tragen, vielleicht sogar Schlitten ziehen kann...«

Vars Augen leuchteten. Mit der in einem langen Leben erworbenen Weisheit erkannte er die Bedeutung dessen, was Reffo entdeckt hatte. Ein Rentier konnte sich tatsächlich an einen Menschen gewöhnen! Aber durch seine ebensolange Erfahrung im Umgang mit Jägern konnte er sich auch die Schwierigkeiten vorstellen, die auf Reffo warteten, wenn er versuchte, seine Erkenntnisse und seine Pläne seinen Stammesgenossen aufzudrängen. Vars Achtung vor Reffo, dem jungen Mann, der sich durch die Kurzsichtigkeit seiner Stammesgenossen nicht beeinflussen ließ, der den Mut hatte, neue Dinge zu erproben, und unbeirrt von den entstehenden Schwierigkeiten seinen Weg ging, nahm zu.

»Niemand wird auf dich hören.«

»Vielleicht nicht auf mich. Aber wohl auf einen alten und erfahrenen Priester. Du kannst sie überzeugen, Var. Hilf mir!«

»Das ist alles nicht so einfach, wie du denkst. Es braucht Zeit, um Menschen zu einer neuen Erkenntnis zu bringen, viel Zeit. Auch mir glauben sie nicht, solange ich nichts beweisen kann. Ich muß erst die Geister um Rat fragen. Ich werde die Urmutter anrufen. Das alles kostet Zeit. Und du mußt die Zeit nutzen, um die Richtigkeit deiner Ansicht zu beweisen.«

Var stand langsam auf. Das Rentier sprang mit einem Satz hoch und wäre wohl verschwunden, wenn Reffo ihm nicht beruhigend die Flanke geklopft hätte.

»Laß mir einen Sommer Zeit. Im Herbstlager kann ich sie vielleicht schon überzeugen. Aber sie müssen mich den ganzen Sommer in Ruhe lassen, damit ich tun kann, was ich will.«

»Ich rede mit Bole«, versprach der Alte. »Ich möchte, daß du recht behältst.«

Der strömende Regen war in sachtes Nieseln übergegangen. Reffo schlug den Vorhang zurück, um den Priester nach draußen zu lassen. Ein Windstoß jagte Regentropfen ins Feuer, aus dem nun zischend weißer Rauch aufstieg.

»Ich falle niemandem zur Last. Ich sorge für die Geräte und alle Reparaturen. Ich fertige für dich einen neuen Himmelsbaum an und einen neuen Vogel. Aber sorge du dafür, daß sie mich in Ruhe lassen.«

Der alte Mann nickte. Er zog den Umhang fest um sich, beugte sich vor gegen den Wind und machte sich auf den Weg zu Boles Zelt. Reffo sah ihm nach mit dem Gefühl, daß er einen Bundesgenossen gefunden hatte. Er wußte, daß er ihn im kommenden Sommer nötig haben würde.

Das weiße Rentier

Die im Winter so feindliche, eiskalte, weiße Fläche, auf der kaum Leben gedeihen konnte, veränderte sich im Frühling zu einem weiten Land voll zarter Farben unter einem fast durchsichtigen Himmel. Vögel, die aus dem milderen Süden zurückkehrten, brachten die erste Bewegung, bald folgten ihnen Rentiere, Lemminge, Eisfüchse, Schneehasen, Wölfe, Vielfraße und Wühlmäuse. Hin und wieder trabte ein Rudel Pferde über die weite Fläche, oder es äste ein Elch oder ein Wisent an den Ufern des Sonnensees. Kleine Blumen wuchsen vor allem an den Südhängen der steinigen Hügel, wo der Wind nicht so

scharf wehte. Sie bildeten bunte Inseln in Weiß, Rot, Blau und Gelb. Am Flußufer wuchs Huflattich, an besonders günstigen Flecken zeigten sich blaue und orangefarbene Blumen zwischen der dichten Decke aus Moosen und Flechten. Innerhalb kurzer Zeit war die Erde voller Bewegung und Farbe.

Die Jäger mußten jetzt für den Lebensunterhalt des Stammes die Rentiere nicht mehr ständig verfolgen. Es gab anderes Wild, das sie jagen konnten und Fische, viele Fische. Die Mahlzeiten wurden abwechslungsreicher. Die Frauen suchten eßbare Wurzeln und Pflanzen und bereiteten sie zu. Sie sammelten Kräuter, die getrocknet wurden und im Winter als Heilmittel bei Verwundungen und Krankheiten dienten.

Das Leben im Sommerland war angenehm, vor allem für die, die am Ufer des großen Wassers, in dem abends die Sonne versank, ihre Zelte aufschlugen.

Der See war so groß, daß die getrennt ziehenden Jägertrupps sich nur selten trafen.

Aber die angenehme Zeit dauerte niemals lange, denn mitten in dem kurzen Sommer wurden Mensch und Tier geplagt von einem gefährlichen Feind, der plötzlich auftauchte und alle größeren Tiere in die Flucht jagte. Nicht durch seine Stärke, sondern durch seine große Zahl. Wo die Sonnenwärme den Boden auftaute, ohne freilich die tieferen Schichten erreichen zu können, bildeten sich in dem nassen Boden unvorstellbar große Wolken von Rachendasseln und gefährlichen Bremsen. Besonders den Rentieren waren diese Fliegen unheimlich. In panischer Angst vor den Rachendasseln, die ihnen ihre Larven in die Nasenlöcher spritzten, ergriffen sie die Flucht in kältere Gebiete, wo Schnee und Eis herrschten und sie dem fürchterlichen, überall lauernden Feind entgehen konnten. Der Mensch mußte hinterherziehen.

Jeder Familienverband versuchte so viel wie möglich von den angenehmen Seiten des Sommers zu genießen. Die Jungen fischten im Fluß mit seinen zahlreichen Seitenarmen und im See. Die Männer zogen mit ihren Pfeilen auf die Vogeljagd, die kleineren Mädchen suchten nach Vogelnestern und sammelten die Eier, aber bei allem, was der Stamm unternahm, wurde das Rentier niemals ganz vergessen.

Kleine Rudel zogen äsend hin und her. Auch sie kamen bis zum Rand des Sees, wo sie sich an dem ausgedehnten Ufer verteilten. Ganz selten nur kam es vor, daß Jäger aus verschiedenen Gruppen, die dasselbe Rentierrudel verfolgten, einander begegneten. Sie trennten sich schnell wieder, denn es gab genug Wild, und sie brauchten einander nicht in den Jagdrevieren zu behindern.

Am Ende eines langen, sonnigen Tages kehrte Laki mit seiner Beute, die aus zwei Kampfläufern und einem Moorhuhn bestand, zu seinem Zelt zurück. Als er von der Höhe eines Hügels das Gebiet nach allen Seiten überblikken konnte, sah er es: das weiße Rentier! Etwas weiter, in einer Senke, die von niedrigen Sträuchern umgeben war, lagen einige wiederkäuende Tiere, während andere sich schon grasend weiterbewegten. Das kleine Rudel war in einer kritischen Phase. Die Muttertiere hatten kurz nach der Geburt der Kälber das alte Geweih abgeworfen, das neue war noch nicht voll entwickelt. Die Winterhaut hing in Falten herunter, ein scheußlicher Anblick.

Die Tiere vertrauten völlig auf die ältere Kuh, die als Wächterin die Umgebung aufmerksam beobachtete.

Laki legte sich sofort auf den Boden. Er freute sich, daß ihm der Wind ins Gesicht blies. Die Kuh konnte ihn noch nicht gewittert haben, und Laki wußte, daß ihr Sehvermögen und ihr Gehör nicht besonders scharf waren. Das weiße Rentier, auf das er versessen war, befand sich nicht in seiner Reichweite. Langsam näherte sich das ruhig grasende Rudel, es zog auf die kleine Anhöhe zu, hinter der er sich versteckt hielt. Die Sonne stand am Rand des Horizonts. Bald versank der rote Ball im Wasser. Laki wußte, daß er jetzt nichts unternehmen konnte. Die einzige Chance, das weiße Rentier zu erlegen, bestand darin, daß er wartete, bis sich der Abstand zwischen ihm und seiner Beute verkleinerte und er den Angriff wagen konnte. Wenn er jetzt aufsprang, waren die Tiere im Handumdrehen verschwunden, und dann hatte er nicht mehr die geringste Chance. Laki legte den Bogen und die Pfeile neben sich. Damit konnte er kein Rentier erlegen. Jetzt mußte er seiner Harpune vertrauen und hoffen, daß der erste Wurf gelang.

Die Zeit verging langsam. Das Licht wurde schwächer. Ein sachter Abendwind strich über die Kriechweiden und Heidesträucher und wellte sie wie das Wasser des Sees.

Es waren kaum noch Vögel in der Luft. Laki hatte das Gefühl, der einzige Mensch auf der Welt zu sein. Stille, rundum Stille.

Er konnt sehen, wie der Sonnenball nun schnell versank, tiefer und tiefer, bis nur noch ein schmaler rötlicher Streifen übrigblieb. Die Nacht brach herein.

Ich muß etwas tun, dachte Laki. Wenn ich noch länger warte, kann ich die Tiere bald nicht mehr erkennen. Und morgen früh sind sie natürlich verschwunden. Er strich mit der Hand über den Harpunenschaft, während sein Blick auf das weiße Rentier gerichtet blieb, das sich noch deutlich von seinen dunkleren Artgenossen unterschied.

Dann, als sause er vom Himmel herab, war da auf einmal der Schatten eines Mannes, der vor einem Busch an der anderen Seite des Rudels sichtbar wurde. Die Wächterin mußte ihn, als er vor den Wind geriet, im letzten Augenblick gewittert haben. Sie rannte zu den wiederkäuenden Tieren und jagte sie auf, während andere schon fortstoben. Der fremde Mann warf seine Harpune. Laki sah, wie das weiße Tier zur Seite sprang. Die Harpune verfehlte ihr Ziel um Haaresbreite und bohrte sich in den Boden. Der lange Schaft blieb zitternd stecken, er zeichnete sich deutlich vor dem Horizont ab. Dann das Getrappel der Rentierhufe und ein Schrei der Enttäuschung dieses Jägers, der aus der Deckung hervortrat, um seine Harpune zu holen.

Im letzten Licht des endenden Tages erkannte Laki den Jäger, der ihm hatte zuvorkommen wollen und ihm damit die Chance verdorben hatte: Gorm!

Auch Gorm erkannte den Mann, der nun langsam den Hügel herunterschritt. Feindlich standen sie einander gegenüber.

»Du hast es verpfuscht!« schnaubte Laki wütend. »Ich hätte es erwischt, wenn du nicht zu früh aus der Deckung gekommen wärst. Du hast mein Rentier verjagt.«

»Ich wußte nicht, daß es sich bei diesem Rentier um dein Eigentum handelt!« Die Stimme klang spöttisch und machte Laki wütend.

»Ist das Land nicht groß genug? Mußt du mir sogar hier in die Quere kommen? Geh lieber auf Bärenjagd, darin bist du doch so gut!«

Ohne auch nur ein Wort zu erwidern, riß Gorm seine Harpune aus dem Boden, drehte Laki den Rücken zu und verschwand in der Richtung, in der die Rentiere geflohen waren. Nicht ein einziges Mal wandte er sich um.

Laki starrte ihm nach, bis er ihn in der wachsenden Dunkelheit nicht mehr von den Sträuchern unterscheiden konnte. Er kam sich verspottet vor. Gorm hatte sein Geheimnis erraten. Oder hatte er schon im Frühlingslager erkannt, daß Laki hinter dem weißen Rentier her war? Und auch, warum? Und er, Laki, hatte alles noch durch den Vorwurf verschlimmert, daß Gorm ihm in die Quere kam. Nicht allein bei dem Rentier... Wenn Gorm es noch nicht gewußt hatte, so wußte er es jetzt... Wütend machte sich Laki auf den Rückweg zum Lager. Wütend auf Gorm, vor allem aber auf sich selbst.

Boles Gruppe war die letzte, die das Frühlingslager am Opfersee verließ. Der Priester zog mit Bole, und in einigem Abstand folgte Reffo. Noch kurz vor dem Aufbruch hatte er nach einem Baum gesucht, der für Vars Zelt geeignet war, denn im Sommerland würde keiner zu finden sein, der für den Zweck hoch genug war.

Die Jäger hatten einen ausreichenden Vorrat an Pfeilspitzen, Stechern, Bohrern, Klingen und Schabern. Das bedeutete für Reffo, daß er vorläufig keine neuen Geräte anzufertigen brauchte. Im Sommerland gab es überreichlich prachtvolle Feuersteinknollen, die in ihrer Qualität wesentlich besser waren als alle, die man in der Nähe der Herbst- oder Winterlager fand. Reffo beschränkte sich auf das Aufsammeln und schlug nur die unbrauchbare weiße Außenschicht ab. Für die Anfertigung der Geräte hatte er schließlich im Winter genug Zeit. Er hatte nur abgebrochene Pfeilspitzen und andere Kleinigkeiten zu reparieren, so daß ihm Zeit für die Jagd auf Kleinwild blieb, für das Zähmen seines Rentiers und natürlich für die Arbeit an Vars Himmelsbaum.

Noch bevor sie ihr Lager im Sommerland erreichten, konnte der Priester den neuen Himmelsbaum bei Reffo abholen. Er hatte ihn von allen Zweigen und von der

Rinde befreit und glatt poliert. Der Vogel war besonders gut gelungen und noch zierlicher als sein Vorgänger.

Selbst die Brüder mußten zu ihrem Leidwesen zugeben, daß die Arbeit wunderbar gelungen war. Was Reffo sonst noch trieb, wußte niemand.

Bole versuchte, Var auszuhorchen, aber der Priester ging auf nichts ein.

»Na ja«, feixte Ake bösartig, »lange wird das Getue mit dem Rentier nun nicht mehr dauern.«

»Wie meinst du das?«

»Innerhalb eines Mondes ist Reffo wieder zur Vernunft gekommen, verlaß dich drauf!«

»Wie kommst du darauf? Warum innerhalb eines Mondes?«

»Sobald die Dasselfliegen kommen, läßt sich das Tier doch nicht mehr halten...«

Die Brüder nickten voller Schadenfreude. Natürlich, daran hatte noch niemand gedacht. Wenn die Quälgeister kamen, konnte kein Mensch die Tiere bändigen.

Mare ärgerte sich über das ewige Lästern über ihren jüngsten Sohn. »Statt euch zu freuen, daß wir nun endlich im Sommerland sind, denkt ihr jetzt schon schadenfroh an die Dasselplage. Nur weil ihr glaubt, daß Reffo dann in Schwierigkeiten gerät. Das ist eine Gemeinheit. Tut lieber etwas Nützliches!«

Das war ein schwerer Vorwurf. Die Brüder zogen die Schultern hoch und holten ihr Angelzeug.

Während des Aufenthalts im Sommerland, wo es wenig brauchbares Holz gab, war nicht der Mangel an Pfeilspitzen ein Problem, sondern der Mangel an guten Schäften. Bei der intensiven Vogeljagd wurden Unmengen von Pfeilspitzen beschädigt. Deshalb suchten die Männer das gesamte Gebiet nach verschossenen Pfeilen ab, die ihr Ziel nicht getroffen hatten. Sie sammelten alle Schäfte mit beschädigten Spitzen und ließen sie zu Reffo bringen.

Reffo saß auf einem Stein vor seinem Zelteingang, entfernte alle unbrauchbar gewordenen Pfeilspitzen und befestigte die bearbeiteten, reparierten und neuen Spitzen an den Holzschäften. Viele Spitzen konnte er leicht wieder brauchbar machen, indem er ihnen mit seinem Druckstein eine neue Schärfe gab. Wenn das nicht möglich war, warf er die Spitze weg und suchte sich aus seinem Vorrat eine neue. Er brauchte seinen Druckstein jetzt mehr denn je. In einer Stunde, als er nichts Rechtes zu tun wußte, hatte er in den Stein eine Zeichnung eingeritzt. Nicht das übliche Eigentumszeichen, sondern eine rich-

tige Figur, das Bild einer Frau, eines tanzenden Mädchens. Hin und wieder sah Reffo auf die Abbildung, dann machten seine Gedanken seltsame Sprünge.

Das Rentier war nun so weit gezähmt, daß er es ruhig rund um das Zelt grasen lassen konnte. Dabei war es unvermeidlich, daß sich das Tier stets weiter entfernte, wenn das Moos abgefressen war. Reffo beobachtete es aufmerksam. Wenn er meinte, daß die Entfernung zwischen ihm und dem Tier zu groß zu werden drohte, so daß er es nicht mehr gegen unverhoffte Angriffe von Wölfen oder Füchsen beschützen konnte, versetzte er sein Zelt ein Stück, wodurch er auch in einen immer weiteren Abstand zu Boles Gruppe geriet.

Reffo hatte aus Reststücken eine größere Anzahl von Lederriemen geschnitten, denn er wollte, noch bevor die große Rachendassel- und Bremsenplage einsetzte, ein Experiment machen. Aus ein paar dicken, geraden Ästen, die er sorgfältig an einer Seite abplattete und glatt schabte, hatte er Kufen hergestellt, die er mit einem kurzen Querbalken verband; aus den Riemen bildete er eine große Schlaufe, die er dem Rentier um den Kopf hängen konnte und an der ein langer Strang hing, der zwischen den Vorderbeinen des Tiers zurückführte zu einem Riemen, der den Bauch des Rentiers umschlang. Das war nötig, weil sonst das Riemenzeug hin und her baumelte. Das alles war noch ein Versuch, aber irgendwie mußte er schließlich anfangen.

Jeden Abend streifte Reffo dem Tier den Riemen über den Kopf, um es an die Belastung zu gewöhnen. Der Knoten der Schlaufe hing vor der Brust, so daß es nicht in Atemnot geriet, wenn etwas Schweres an dem Riemen befestigt wurde. Das Tier lief nicht fort. Das unbelastete Lederzeug hinderte es nicht in seinen Bewegungen.

Reffo konnte kaum den Augenblick der ersten Erprobung abwarten. Aber er wußte zu gut, daß er nichts übereilen durfte. Wenn das Tier plötzlich erschrak, wenn es sich nicht mehr frei fühlte, konnte er es durchaus für immer verlieren. Das Geweih war schon beachtlich gewachsen und mit einer dicken Haut, weich wie Moos, überzogen. Reffo hoffte, daß die Fliegenplage noch etwas auf sich warten ließ. Die Zeit begann jetzt eine Rolle zu spielen.

Hin und wieder kam Var zu Besuch. Er brachte stets einige Pfeile mit, die repariert werden mußten. Für das Essen sorgte Reffo selbst. Er verschwendete nicht viel Zeit darauf, denn im Sommerland gab es genug Vögel, und wenn er sich die Zeit gönnte, konnte er im See fischen.

Var mußte eine Weile suchen, bis er den neuen Zeltplatz gefunden hatte, der hinter einem Hügel lag, der von Boles Lager aus nicht mehr zu sehen war.

»Warum hast du dein Zelt versetzt?« fragte der alte Mann.

»Rundum war alles abgegrast. Ich muß das Tier im Auge behalten können. Außerdem sitze ich lieber ein Stück vom Wasser weg, wenn die Mücken kommen.«

»Dann brennt es dir doch durch. Oder bindest du es wieder an?«

»Das würde wenig Sinn haben. Wenn es soweit ist und Vaters Gruppe noch nicht fortzieht, werde ich fortwährend Feuer schüren müssen, um die Insekten auf Abstand zu halten.«

»Das wird nicht einfach sein.«

Reffo nickte. »Notfalls ziehe ich allein weiter.«

Dann sprachen sie eine Weile über Vorkommnisse im Lager. Reffos Hände blieben pausenlos bei den Arbeiten, die er auszuführen hatte. Es gab immer etwas zu tun. Der alte Mann konnte lange zusehen, ohne ein Wort zu sprechen. Manchmal schien es, als ob er etwas zu Reffo sagen wollte, aber er tat es nicht. Und Reffo stellte keine Fragen. Zwischen ihm und dem Priester, der dafür sorgte, daß die anderen ihn nicht belästigten, war eine feste Verbindung entstanden. Eine Verbindung, die eher aus Gedanken als aus Gesprächen bestand. Reffo wußte immer, noch ehe er ihn gesehen hatte, wann der alte Mann ihn besuchen kam.

Kontakte zu den anderen Gruppen des Stammes gab es nicht.

Reffos Gedanken freilich wanderten oft zu den anderen hinüber. Den Grund konnte er nicht finden. Es kam für ihn auch nicht unerwartet, als Var ein Thema erwähnte, das ihn schon mehrfach beschäftigt hatte.

»In diesem Herbst werden am Opfersee neue Familien gebildet. Im Stamm sind Veränderungen im Gange. Es muß an eine Nachfolge gedacht werden, ein neues Stammesoberhaupt...«

»Das hat doch keine Eile...«

»Solche Angelegenheiten müssen rechtzeitig geregelt werden. Man darf nicht zu lange warten. Das gibt bloß Unruhe...«

Schweigen.

Er denkt an Vaters Nachfolger, überlegte Reffo. Wer kam dafür am ehesten in Frage?

Vielleicht meinte Var, daß er schon zuviel gesagt hatte. Er stand auf, um zum See zurückzukehren.

»Ich muß Verbindung mit den Geistern aufnehmen«, sagte er zum Abschied. »Heute nacht ist Vollmond.«

Reffo sah ihm nach, als er zu Boles Lager zurückging. Es fiel ihm auf, daß Var sehr langsam ausschritt. Langsam und tief gebeugt. Als sei er von Sorgen niedergedrückt.

Weder Laki noch Gorm sagten den anderen bei der Rückkehr von der Jagd ein Wort von ihrem Zusammentreffen. Beide wußten, daß sie eigentlich davon hätten berichten müssen. Aber niemand hatte ihre Begegnung beobachtet, und wenn die Gruppen sich weiter voneinander entfernten, würde eine das Rudel mit dem weißen Rentier aus den Augen verlieren.

Laki hatte sein ganzes Sinnen und Trachten auf dieses Rentier gerichtet. Er war ganz davon besessen, vielleicht gerade, weil es so schwierig zu erwischen war. Auch Laki wußte, daß die Mückenplage nun jeden Augenblick einsetzen konnte. Vorher aber wollte er das Tier, das er Oena versprochen hatte, erlegt haben. Er wollte nicht ins Herbstlager zurückkehren, ohne sein Versprechen erfüllt zu haben. Dann würde er sich lächerlich machen. Laki wollte Oena, und deshalb mußte er das Rentier haben.

Und warum berichtete Gorm nicht von dem Zusammentreffen? Wollte er das weiße Rentier aus demselben Grund? Bei Gorm verhielt es sich anders. Er wußte noch nicht einmal, wem er das Fell anbieten würde. Oena, seiner Kindheitsgespielin, die er doch eigentlich am meisten mochte, oder Haja, Boles Tochter, der Haja mit den kalten Augen. Sein Herz schlug eher für Oena, aber ein Mann mußte an die Zukunft denken.

Warum hatte er dann Oena zum Rentiertanz aufgefordert? Wenn er darüber nachdachte und sich selbst gegenüber ehrlich blieb, hatte er es nur getan, um Laki zu ärgern und Haja zu reizen.

Laki, der Schnelle Laki, war ihm ein Dorn im Auge. Denn Gorm war eitel. Er war der Bärentöter, er war der wichtigste Mann im Lager. Wenn hier ein weißes Rentier gefangen oder erlegt werden mußte, dann war das seine Sache. Er konnte es sich gegenüber seinem Anhang einfach nicht erlauben, daß sich Laki auch mit dieser Ehre schmückte, nachdem es ihm schon gelungen war, die Opferhindin zu erlegen. Außerdem machte es richtig Spaß, Haja zu reizen. Natürlich hatte er schon lange gemerkt, daß sie seine Gunst zu erringen versuchte. Er mochte sie nicht besonders gern, aber es schmeichelte seiner Eitelkeit, daß diese unnahbare, hochmütige Haja auf ihn Eindruck zu machen versuchte. Gorm würde natürlich niemals jemandem ein Wort davon sagen, aber auch er hatte darüber nachgedacht, daß demnächst ein neues Stammesoberhaupt bestimmt werden mußte. Bole wurde doch jetzt wohl zu alt. Nach Bole war Sian der einflußreichste Gruppenleiter. Aber Sian war nicht viel jünger als Bole. Zum neuen Stammesoberhaupt wählte man am liebsten einen jüngeren Mann... Für Gorms Stellung innerhalb der Gruppe war die Tochter des einflußreichen Bole ein wichtiger Trumpf im Spiel um die hohe Stellung.

So ging Gorm jeden Tag auf die Suche nach diesem einen Rentier. Er war sich klar darüber, daß auch der andere keine Ruhe gab, ehe ihm der Erfolg beschieden war.

Langsam wuchs der Haß, der bald das Lager entzweien sollte. Aber noch wußte niemand in den getrennt umherziehenden Gruppen etwas davon. Oder doch?

Die Rachendasseln kommen

Oena saß am Ufer des Sonnensees und sah hinaus über das weite Wasser. Sie kaute unablässig an einem Stück Kalbshaut, das gewalkt werden mußte, damit es als Trageleder für Niris Säugling weich genug wurde. Das Kind von Niri und Orf war noch keinen Monat alt und lag vorläufig in der Wiege, die Orf schon in der Winterunterkunft aus einem ausgehöhlten Birkenstamm hergestellt und mit einem Schutzdach aus Birkenholz versehen hatte. Die Wiege war mit weichem Kalbsleder bezogen. Innen lag eine dicke Schicht saugfähiges Moos, das den Säugling trocken hielt. Das Kind war mit einem Kalbsfell zugedeckt. Das Kopfkissen aus Kalbsleder war mit den zarten Halshaaren von jungen Rentieren gefüllt. Aber wenn die Gruppe nun in Kürze weiterzog, mußte Niri ihr Kind in einem Trageleder transportieren.

Zwischendurch dachte Oena an die anderen Gruppen. Immer, wenn sie sich mit Gorm beschäftigte, meinte sie zu fühlen, daß etwas mit ihm nicht stimmte, daß ihm etwas geschah oder geschehen war, das ihn ihr weiter entfremdete. Das beunruhigte sie. An Laki dachte sie kaum.

Wie mochte es Reffo gehen? Oena hoffte, daß Reffo sich mit seinen ungewöhnlichen Ideen und seiner eigenartigen Lebensführung nicht noch größere Schwierigkeiten auflud. Wenn er zu weit ging, konnte es zu seiner völligen Verbannung führen. Das war fast das ärgste Unheil, das jemandem widerfahren konnte. Wenn Oena daran dachte, was Reffo über die Jagd auf frisch geborene Kälber gesagt hatte, mußte sie ihm im Herzen recht geben. Aber sie war eine Frau, und Frauen dachten nun einmal anders.

Die Sonne war bereits kräftig. Am Rand des Wassers war es herrlich. Jetzt konnte es nicht mehr lange bis zur Insektenzeit dauern. Auch Oena dachte sofort an Reffos Rentier. Was würde er tun, wenn das Rentier die Flucht ergriff?

Oena sah, wie nur ein kleines Stück von ihr entfernt, Orfs jüngere Söhne eine Angelleine mit einem großen Fisch einholten. Sie begleiteten den Fang mit Jubelrufen. War es ein Hecht? Oder eine Plötze? In dieser Zeit wurde in Sians Gruppe, deren Zelte dicht am See standen, täglich Fisch gegessen.

Dann hörte sie, wie ihre Schwester nach ihr rief. Das störte sie aus ihren Gedanken auf. Sie nahm das Stück Leder, das nun weich genug gekaut war, aus dem Mund und blickte sich um.

»Was ist los?«

»Mutter braucht dich. Komm schnell!«

Seufzend stand Oena auf. Hoffentlich mußte sie keine Marksuppe kochen. Das tat sie nur mit Abscheu. Denn das war ein fortwährender Kampf mit den heißen Steinen, die ins Wasser gelegt und wieder herausgeholt werden mußten. Davon wurde man heiß und verschwitzt. Aber nein... sie bekam eine andere Aufgabe zugewiesen.

»Wir müssen Kräuter sammeln, Oena. Es kann nun wirklich nicht mehr lange dauern, bis die Rachendasseln kommen. Dein Vater hat schon einige Rentiere nach Osten abziehen sehen. Und wir haben noch kaum Vorräte. Geh du jetzt mit Losse Wurmkraut suchen, das blüht hier in der Nähe schon. Davon brauchen wir viel. Ich selbst gucke nach Sauerampfer, zum Essen wie zum Trocknen. Und morgen schneiden wir gemeinsam Gräser zum Trocknen. Damit sind wir eigentlich schon zu spät dran...«

Die Zeit des gemütlichen Ausruhens am See war vorbei. Es gab viel zu tun.

Weiter nach Norden setzten sich schon einige Rentiergruppen in Bewegung, Zelte wurden abgebrochen, Tragegestelle beladen. Das Sommerland mit allen seinen Vorteilen mußte verlassen werden, weil die Rentiere abzuziehen begannen. Eigentlich wäre jeder noch gern eine Weile geblieben, aber wenn sie zu lange warteten, wurde der Abstand zwischen den Jägern und den Rentieren, auf die sie nun bald wieder ganz angewiesen sein würden, zu groß.

In der Zeit des Überflusses hatten alle gut gegessen, und alle hatten merklich zugenommen.

Auch die Rentiere hatten in der Sommerzeit deutlich Fett auf den Rippen angesetzt. Nach dem Verlust des Winterfells war das Sommerhaar nur dünn, und das war wegen der Rachendasseln und Bremsen ein Nachteil. Dieser Plage konnte man nur entkommen, wenn man nach Osten flüchtete.

Das Leben war ein fortwährendes Kommen und Gehen. Das Tempo bestimmten die Rentiere, die sich wiederum von den Veränderungen in der Natur leiten ließen. Die Urmutter bestimmte den Lebensrhythmus. Kein Mensch, kein Tier konnte oder wollte sich dagegen auflehnen.

Hoch am blauen Himmel zog ein Adler seine Kreise, der mit seinen scharfen Augen das Land sehr viel weiter übersehen konnte als der Mensch unten auf der Erde. Der Adler sah, wie überall an den Ufern des Sees und auch tiefer im Land die Zelte abgebrochen wurden und die Menschen sich zum Aufbruch fertig machten. Das lenkte ihn für eine kurze Zeit ab von seiner Suche nach Lemmingen und anderen Nagetieren. Einen Augenblick folgten seine scharfen Augen den abziehenden Menschengruppen. Dann erfaßte sein scharfer Blick wieder die Wühlmaus in der Tiefe.

Gorm erwachte durch ein lästiges Surren im Zelt. Sofort wußte er: Die gefährlichen Mücken sind da! Er hatte gegen besseres Wissen gehofft, hier, ein Stück vom See entfernt, noch eine Weile verschont zu bleiben. Außerdem hingen, um die Störenfriede zu vertreiben, dicke Bündel Wurmkraut an den Zeltpfählen. Aber das störte sie offensichtlich nicht...

Unruhig warf er sich auf die andere Seite und versuchte, noch einmal einzuschlafen. Das Gesurre rund um seinen Kopf verstärkte sich. War er der einzige, der belästigt wurde? Die anderen, die in seiner Nähe lagen, schliefen ruhig weiter. Er schlüpfte tiefer unter das Rentierfell, so daß nur noch seine Nase hervorschaute. Aber die Plage ließ nicht nach, und eine Mücke setzte sich ihm sogar auf die Nase. Er schlug danach. Vorbei...

Durch einen Spalt drang das Licht des anbrechenden Tages ins Zelt.

Behutsam kroch Gorm aus seinem Schlafsack. Um die anderen nicht zu stören, schlich er geräuschlos nach draußen. Der Morgen war kühl, es wehte ein frischer Wind. Er beschloß, auf die Jagd zu gehen. Vor ihm lag das weite Land, das noch kein Mensch betreten hatte. Das Gras wogte im Wind, kleine bunte Flecken zeichneten sich ab, wo allerlei Kräuter blühten, die dem Randgebiet des Sommerlands die Farben gaben: Weiß, Rosa, Blau. Langsam stieg die Sonne am Horizont auf.

Gorm atmete tief. Gerade jetzt, wenn das Sommerland am schönsten war, mußten sie es wieder verlassen.

Wenn die anderen aufwachten, die er im Zelt zurückgelassen hatte, würden sie wahrscheinlich auch auf die Jagd gehen. Die Absicht war, drei Tage an diesem Platz zu bleiben. Es konnte also niemanden erstaunen, daß er schon so früh aufgebrochen war. Er wußte, daß schon viele Gruppen auf dem Weg zum Herbstlager am Opfersee waren. Da die Rentiere Jahr um Jahr immer dieselben Routen zogen, hauptsächlich an den Flüssen und Wasserläufen entlang, konnte es nicht ausbleiben, daß sich die Jägergruppen begegneten.

Noch immer kreisten Gorms Gedanken um das weiße Rentier. Warum eigentlich? Warum gerade um das weiße?

Vor ihm lag eine offene Grasfläche, durchzogen von einigen Wasserläufen. Dort wuchs Heidekraut, das in voller Blüte stand. Gorm beschloß, sich ins Heidekraut zu legen, und er hatte dabei die undeutliche Vorstellung, daß sich vor ihm auf der grünen Fläche Rentiere zum Grasen und Wiederkäuen einfänden. Er wählte eine günstige Stelle, von der aus er das Gelände gut übersehen konnte. Die kleinen Sträucher standen in voller Blüte. Es roch angenehm. Bienen summten rund um die violetten Blumen. Umsichtig legte Gorm seine Harpune und Pfeil und Bogen so neben sich ins Kraut, daß er sie mit einem Griff erreichen und sofort einsetzen konnte. Dann stützte er den Kopf auf die Arme und wartete ab.

Die Sonne schien angenehm. Die Wärme, das Gesumme der Bienen, das sachte Rauschen des Windes, das alles machte ihn schläfrig. Ohne daß er es merkte, schlummerte er ein. Für ihn spielte die Zeit keine Rolle mehr.

Er mußte geschlafen haben! Wie lange? Die Sonne stand nun fast genau über ihm. Zeigte sie schon die Mitte des Tages an? Einen Augenblick erschrak er, weil er so lange fest geschlafen hatte. Dann sah er es…

In der Senke vor ihm, ganz in der Ferne, graste ein Rudel Rentiere! Gorms Herz schlug sofort schneller, als er unter den sich langsam vorwärts bewegenden dunklen Gestalten einen weißen Fleck entdeckte. Das weiße Rentier! Der Wind blies ihm ins Gesicht, also konnte er sicher sein, daß die Tiere ihn noch nicht gewittert hatten. Sie bewegten sich auf ihn zu. Nun war alles eine Frage der Geduld. Warten hieß das, endloses Warten, denn die Tiere hatten keine Eile. Die grüne Senke vor ihm war eine ideale Fläche zum Grasen, sie waren nur noch viel zu weit von ihm entfernt. Noch konnte er nichts unternehmen. Wenn er aufsprang, um sich auf sie zu stürzen, hatten sie Zeit genug zur Flucht. Er mußte warten, bis die Entfernung so klein war, daß er die Harpune zielsicher werfen konnte.

Wolken glitten über den blauen Himmel. Ein Vogel schwebte heran und landete in einer Zwergbirke an einem Wasserlauf. Stille.

Das regungslose Liegen fiel Gorm schwer. Vorsichtig probierte er, seine Beine etwas zu bewegen, denn er wollte nicht riskieren, mit steifen Beinen nicht schnell laufen zu können. Er schrak zusammen, als der Vogel – war es eine schwarze Krähe? – aufflog und sich sofort wieder setzte, als sei er vor irgend etwas erschrocken.

Endlich, nach fast endlosem Warten kamen die Tiere doch ganz nahe heran. Jetzt, dachte Gorm, seine rechte Hand umfaßte fest den Harpunenschaft, während er vorsichtig die Knie anzog, um sich aufzurichten. Jetzt!

Auf einmal geschah etwas, womit er nie gerechnet hatte. Aus einem Gebüsch von Zwergbirken rechts vor ihm tauchte eine menschliche Gestalt auf. Ein Mann schlich gebückt durch die Sträucher. Die Rentiere hatten ihn noch nicht bemerkt. Wie war der Mann dahin gekommen? Wie war es möglich, daß in so kurzer Entfernung ein Mann hatte warten können, ohne daß er, Gorm, ihn hatte herankommen hören? Das mußte in der Zeit geschehen sein, als er schlief.

Der Mann sprang auf und stürmte dann mit erhobener Harpune vorwärts. Da wußte Gorm, daß er es mit Laki zu tun hatte, dem Schnellen Laki, der dem weißen Rentier nachjagte.

An den wenigen Schritten, die Laki tat, war deutlich erkennbar, warum man ihn den Schnellen Laki nannte. Er bewegte sich geschmeidig wie ein Hirsch und hob im Lauf seine Harpune.

Alles ging nun so schrecklich schnell, daß Gorm kaum wußte, wie es geschah. Die Rentiere witterten ihren Verfolger und wandten sich zur Flucht. Nur ein Gedanke beherrschte Gorm: Nicht Laki, sondern ich! In wenigen Augenblicken würde Laki das Tier treffen, und dann hatte er den Jägerruhm errungen. Das durfte nicht sein. Niemals!

Ohne zu überlegen, hob Gorm die Waffe, und obwohl er wußte, daß er viel zu weit von dem Tier entfernt war, um es treffen zu können, schleuderte er die Harpune. Wollte er das weiße Rentier nur verjagen, weil er es dem anderen nicht gönnte?

Laki befand sich zwischen Rentier und Harpune. Er konnte den Wurf nicht sehen, er konnte auch nicht ausweichen. Ohne überhaupt zu begreifen, was geschah, stürzte er zu Boden. Die Harpune blieb ihm hinten im linken Oberschenkel stecken. Er fiel und schlug mit dem Kopf auf einen Stein. Laki spürte einen scharfen Schmerz. Die Welt drehte sich blitzschnell vor seinen Augen, dann war alles vorbei.

Die Rentiere setzten ihre Flucht fort.

Wie ein Schlafwandler wankte Gorm einige Schritte

auf Laki zu. Was hatte er getan? Er hatte einen Stammesgenossen getötet! Gelähmt von Entsetzen und Schreck starrte er auf die bewegungslose Gestalt, die vor ihm lag. Der Schaft hatte sich von der knöchernen Harpunenspitze gelöst, die im Oberschenkel steckte. Laki lag auf dem Bauch, das Gesicht im Heidekraut, die Arme weit gespreizt.

Das habe ich nicht gewollt! Das nicht! Ich wollte nur das Rentier verjagen... schoß es Gorm durch den Kopf, während er sich über die regungslose Gestalt beugte. Er streckte die Hand aus, um Laki anzufassen, um ihm ins Gesicht zu blicken. Etwas hielt ihn zurück. Es war, als ob zwei Stimmen in seinem Kopf miteinander stritten.

Ich habe das nicht gewollt!

Du hast ihn getötet!

Es war ein Unglück!

Versuch, das mal Bole zu erklären und Var und dem Rat der Alten!

Was soll ich tun?

Sie werden niemals glauben, daß es ein Unglück war. Du warst doch hinter dem Rentier her, das Laki Oena versprochen hatte! Angst und Schrecken sind schlechte Ratgeber. Gorm geriet in Panik. Laki lag im Heidekraut, aus geringer Entfernung war er schon nicht mehr zu sehen. Wenn er nun zu seiner Gruppe zurückkehrte und nichts sagte, konnte niemand wissen, daß er Laki getötet hatte. Und in Lakis Gruppe wüßte man auch nicht, daß sie einander hier begegnet waren. Fort! So schnell wie möglich fort von hier! Und dafür sorgen, daß die Gruppe nicht an dieser Stelle vorbeikam.

Gorm stürmte los. Erst als er schon eine ziemlich weite Strecke gelaufen war, dachte er daran, daß es auffallen würde, wenn er ohne seine Harpune heimkäme. Er mußte zurück und seine Harpune holen. Während er zurückrannte, wurde ihm aber auch klar, daß er nicht den Mut hatte, den Widerhaken aus Lakis Bein herauszuziehen. Was sollte er tun?

Kurz danach stand er wieder am Unglücksort. Neben dem reglosen Körper lag Lakis Harpune, die ihm beim Sturz aus der Hand geglitten war. Das war die Lösung. Gorm griff hastig nach Lakis Harpune und rannte zurück.

Und wie läßt es sich erklären, daß sich Lakis eigene Harpune von hinten in seinen Oberschenkel gebohrt hat? fragte die unbestechliche Stimme in Gorms Kopf.

Ein Unglück! Er ist in seine eigene Harpune gestürzt.

Rücklings?

Gorms Herz klopfte wie wild. Was hatte er sich da auf den Hals geladen! Wie konnte er die Situation erklären, ohne sofort als Mörder entlarvt zu werden?

Du brauchst nichts zu erklären, sagte die andere Stimme, du weißt nichts von Laki. Du bist ihm niemals begegnet. Wer kann das Gegenteil beweisen? Gebeugt wie ein alter Mann schlich Gorm weiter. Als er in der Ferne das Zelt seiner Gruppe auftauchen sah, machte er einen leidenschaftlichen Versuch, seine alte selbstsichere Haltung wiederzugewinnen. Nichts anmerken lassen! Ganz unverfänglich tun!

Der Bärentöter durfte nicht unsicher sein.

»Ein schlechter Tag für die Jagd«, sagte er zu seinen Kameraden. »Lange nach Wild gesucht, nichts gefunden.«

Der Abend senkte sich über die weite Ebene. Die Vögel flogen zu ihren Nestern in den niedrigen Zwergsträuchern und Birkenbäumchen. Die Bienen summten nicht mehr. In der Heide lag eine regungslose Gestalt.

Irgendwo in der Ferne, in Sians Gruppe, stach Oena sich beim Nähen des Trageleders für Niris Säugling tief in den Finger. Sie stieß einen Schmerzensschrei aus. Rotes Blut tropfte ihr auf die Jacke.

Es ist ein Unglück geschehen, ein schlimmes, mit Gorm, dachte sie wieder und wieder.

Sie sah ihn vor sich, nicht als selbstsicheren Bärentöter, sondern als einen unsicheren, ängstlichen Menschen. Keinen Augenblick dachte sie an Laki.

Der unbekannte Täter

Das unruhige Verhalten seines Rentiers erregte Reffos Aufmerksamkeit schon, ehe es soweit war. Er war vorbereitet. Hinter seinem Zelt lag gestapeltes Brennmaterial, das er mühsam auf der Ebene gesammelt hatte. Da Holz ganz fehlte und es nur wenig trockenes Moos gab, hatte er schon seit längerer Zeit die Knochen seiner Jagdbeute als Brennmaterial aufbewahrt.

Heiß schien die Sonne auf das Sommerland, als Reffo auf der Weidefläche, wo sein Rentier graste, ein stark rauchendes Feuer anlegte. Zu seiner Genugtuung stellte er fest, daß das Tier nicht auszubrechen versuchte, sondern ganz dicht beim Feuer blieb. Das würde eine Weile gegen die Fliegen helfen, die plötzlich in großer Zahl auftauchten. Aber wie lange?

Abends nahm Reffo das Tier mit in sein Zelt und suchte ihm die Larven aus dem Fell. Er legte sie in einen hölzernen Napf, in dem schon viele durcheinander wimmelten. Der einzige Vorteil war, daß die Larven eine gute Nahrung waren und daß sie sehr gut schmeckten. Reffo knackte sie zwischen den Zähnen, während er den ganzen Körper des Tiers absuchte. In der Nacht ließ er das Feuer im Zelt brennen. Das half ausgezeichnet gegen die Insekten, aber der Rauch war beim Schlafen fast unerträglich.

Nein, das war auf die Dauer nicht auszuhalten, das zeigte sich deutlich. Am hellen Tag, als er über die Ebene zog, sah er ein Rudel Rentiere nach Osten traben. Die Tiere ließen sich kaum Zeit zum Grasen. Einen Augenblick fürchtete Reffo, sein Rentier würde ihnen folgen. Unruhig hob es den Kopf. Aber es lief nicht weg. Noch nicht!

Reffo versuchte ununterbrochen, die Fliegen zu verjagen, die es auf die blutreiche, zarte Haut abgesehen hatten, die jetzt das Geweih bedeckte. Damit war er den ganzen Tag beschäftigt, aber er sah, daß es so nicht weitergehen konnte. Wenn die gefährlichen Insekten erschienen, flüchteten die Tiere in kühlere Gebiete, denn sie waren wehrlos gegen dieses surrende Insektenheer, das ihnen Eier ins Fell legte. Wenn Reffo die Larven nicht sofort entfernte, fraßen sie sich durch die Haut und verursachten Beulen und Entzündungen, von denen die Rentiere auf die Dauer irre wurden.

Warum zog Bole noch nicht weg? Das Leben im Sommerland war angenehm. Boles Leute, ohnehin schon später angekommen als die anderen Gruppen, konnten von anderem Wild leben und von Geflügel und Fisch. Sie dehnten ihren Aufenthalt im Sommerland noch etwas aus. Auf Reffos Problem achtete niemand. Im Gegenteil!

»Ich bin neugierig, wie lange er das durchhält«, sagte Ake hinterhältig. »Noch niemals hat ein Mensch Rentiere aufhalten können, wenn sie einmal vor den Rachendasseln die Flucht ergriffen.«

Bole schwieg. Var schwieg. Aber es war deutlich, daß

die ganze Gruppe gespannt abwartete, was Reffo tun würde.

Reffo hätte gerne mit Var gemeinsam überlegt, was zu tun sei, denn ohne Boles Zustimmung weiterzuziehen konnte zur Folge haben, daß er gänzlich ausgestoßen wurde. Aber wie stark er auch seine Gedanken auf Var konzentrierte, um ihn herbeizurufen, Var erschien nicht.

Da wußte Reffo, daß er seinen Beschluß allein fassen mußte.

Nach einer unruhigen Nacht, immer wieder aufgeschreckt von quälenden Träumen, fast im Rauch erstikkend, entschied er sich. Beim ersten Tageslicht brach er das Zelt ab. Er band die Zeltstäbe zusammen, legte seinen geringen Besitz mitsamt seinen Geräten auf das Tragegestell und legte dem Rentier sein Riemenzeug an. Es schlug gerade wütend mit einem Huf nach einer dicken Rachendassel, die ihm vor der Nase tanzte.

Keinen Tag zu früh, dachte Reffo. Dieser Feind war noch gefährlicher als die normalen Dasseln. Sie setzten ihre Larven in die Nasenlöcher der wehrlosen Rentiere, von wo sie sich in den Kehlgang und ins Gehirn weiterfraßen. Ein Rentier, das einmal Opfer der Rachendasseln geworden war, war nicht mehr zu retten.

Ohne sich umzusehen, folgte Reffo seinem Rentier genau nach Osten. Es ging schnell, ohne eine Pause zum Grasen einzulegen. Es war nun auch wichtig, das Rentier am Riemenzeug festzuhalten, denn die Furcht vor den surrenden Insekten war so groß, daß es sich sonst in Trab gesetzt hätte, und dann konnte Reffo ihm nicht mehr folgen.

Reffo hatte seine Wahl getroffen. Er wußte, was er wollte, aber er wußte auch genau, was er nicht wollte. Er war von der Richtigkeit seiner Wahl überzeugt und nicht bereit, den eingeschlagenen Weg zu verlassen, selbst wenn die totale Verbannung drohte. Er mußte dem Rentier folgen, auch wenn es sich nun schon weitgehend an ihn gewöhnt hatte. Schließlich war er nicht in der Lage, sein Tier gegen die Insektenplage zu beschützen.

Der erste Tag war der schwerste. Das Rentier drängte so schnell vorwärts, daß Reffo, der auch noch auf sein Tragegestell zu achten hatte, kaum noch mitkommen konnte. Er mußte das Tier in Zaum halten, und das erforderte viel Kraft. Bei jeder Pause mußte er mit einem Weidenzweig die Fliegen verjagen. Doch Reffo war stark und von unglaublicher Zähigkeit. Und er wußte, daß es um so besser werden würde, je weiter sie den Sonnensee hinter sich ließen. Manchmal mußten sie einen Bachlauf durchqueren. Das war für das Rentier ein reines Vergnügen, denn Fliegen und Bremsen fürchteten das Wasser.

Durch die große Anspannung kam es Reffo kaum zu Bewußtsein, daß er nun wirklich ganz auf sich allein angewiesen war. Ein Gefühl der Enttäuschung befiel ihn, wenn er an Var dachte. Warum war Var nicht gekommen, als er ihn am nötigsten brauchte? Er hatte doch seine Gedanken zu ihm ausgeschickt, und er wußte, daß Var sie meistens auffing. Warum war die Verbindung zu dem Priester unterbrochen? Bei seiner Einweihungsprüfung hatte auch Reffo drei Tage und Nächte allein in einer Höhle verbringen müssen. Das war ihm nicht sehr schwergefallen, weil er wußte, daß sie ihn wieder abholten. In Düsternis und Einsamkeit konnte man sich ganz mit dem Gedanken trösten, daß die Prüfung nur von kurzer Dauer war. Und so hatte er es auch getan! Aber diese Einsamkeit war anders. Vielleicht hatte er sich durch den Entschluß, sich nach dem Rentier zu richten und nicht nach den Familienmitgliedern, die mit ihm eine Jägergruppe bildeten, zu weit von ihnen entfernt. Vielleicht hörte diese Einsamkeit nun nie mehr auf!

»Wer die Gesellschaft eines Tiers höher stellt als die eines Menschen, verdient es nicht, in menschlicher Gemeinschaft zu leben.« Er hatte noch diese Worte seines Bruders Ake im Ohr. »Laß ihn mit den Tieren leben. Bei uns ist er nicht mehr willkommen!«

Was war es denn, was ihn dazu trieb, alles aufzugeben und nur das zu tun, was er für wichtig hielt? Wie lange er auch darüber nachdachte, er konnte keine Antwort finden. Er wußte nur, daß die Urmutter ihm die Möglichkeit gegeben hatte, Dinge zu tun, die ein anderer nicht tun konnte, Dinge zu entdecken, die ein anderer übersah. Als einziges wußte er mit absoluter Sicherheit, daß er durchhalten mußte, daß er, nur wenn er nicht aufgab, Dinge entdeckte, die für die Menschen wertvoll sein konnten.

Als die Sonne hinter ihm unter den Horizont sank und er aus Erschöpfung beinahe gestürzt wäre, stellte er sein Zelt auf, entzündete mit letzter Kraft ein Feuer, schürte es mit trockenem Moos und Zweigen und band sein Rentier an einem Zeltpfahl fest. Das Tier legte sich neben ihn, vollkommen ruhig. Nicht weit entfernt heulten die Wölfe in der Nacht. Reffo hörte sie nicht.

Der Nachsommer war mild und angenehm. Die Landschaft, die langsam nach Osten zu immer kahler wurde, glänzte am Nachmittag unter der tiefstehenden Sonne wie Gold. Die Zwergsträucher wurden höher, die feuchten Stellen seltener. Jeden Abend wiederholte sich das mühsame Aussuchen eines Zeltplatzes, das Aufstellen des Zeltes, das Quirlen der Hölzer zum Feueranzünden. Aber die Zahl der gefährlichen geflügelten Angreifer wurde geringer und das Rentier deshalb ruhiger.

Am Ende des vierten Trecktages fand Reffo einen günstigen Platz für die Nacht, eine offene Grasfläche, durchrieselt von Bächen und Rinnsalen. An den Rändern wuchs Heidekraut. Die untergehende Sonne färbte die Heide zartviolett. Die Gegend machte einen friedlichen Eindruck.

Reffo band sein Rentier an einen Zeltpfahl und richtete sein Nachtquartier her. Das Rentier graste, das Lasso, mit dem es angebunden war, ließ ihm Bewegungsfreiheit. Reffo nahm seinen hölzernen Trinknapf und ging zum Bach, um Wasser zu holen. Als er sich aus der gebückten Haltung vorsichtig aufrichtete, um kein Wasser aus dem vollen Napf zu verschütten, fiel ihm in den nicht weit entfernten Heidesträuchern eine dunklere Stelle auf. Er stellte den Napf ins Zelt und ging durch das hohe Gras zurück.

Das erste, was er deutlich erkannte, war eine Hand, die sich aus dem Gesträuch hervorschob. Da lag ein Mensch! Er trat vor und beugte sich über den bewegungslosen Körper, der halb unter dem Strauchwerk lag. Reffo kniete nieder und schob das Blattwerk beiseite, damit er das Gesicht sehen konnte. Er erschrak. Da lag Laki und hatte eine große Harpune in der Rückseite des linken Oberschenkels. Laki lag auf dem Bauch, den Kopf auf einem Stein, auf seinem Gesicht verkrustetes geronnenes Blut. Reffo legte seine Hand vorsichtig auf Lakis Hals. Er fühlte, daß Laki nicht tot war, der Herzschlag war deutlich spürbar.

Vorsichtig, um das verwundete Bein nicht zu gefährden, drehte er Laki auf die rechte Seite. Ein Schmerzensschrei, dann schlug Laki die Augen auf.

»Was ist geschehen?«

Einen Augenblick schien es, als wollte Laki antworten.

Er versuchte etwas zu sagen, aber die Anstrengung war offensichtlich zu groß. Er schloß wieder die Augen. Er war nicht ansprechbar.

So begann Reffos mühsamer Kampf um Lakis Leben.

Natürlich war es nicht möglich, den verwundeten Mann wegzuschleppen. Aber es gelang Reffo, ihn in sein Zelt zu ziehen, wo er mit großer Vorsicht die Harpune herausnahm, die Wunde, so gut es ging, säuberte und mit eilig gesuchten Blättern von Preiselbeeren verband, um einer Entzündung vorzubeugen. Er konnte damit das beginnende Wundfieber nicht verhindern, aber doch senken. Von Weiterziehen war vorläufig nicht die Rede. Mehrere Tage blieb Laki in einem Dämmerzustand zwischen Wachen und Schlafen. Manchmal redete er verworrenes Zeug, aber am Ende gewann seine starke Natur. Nach drei Tagen konnte er ein normales Gespräch führen, aber natürlich noch längst nicht auf seinem verwundeten Bein stehen.

Merkwürdig war, daß er sich gut daran erinnern konnte, wie seine Suche nach dem weißen Rentier schließlich in der kleinen Senke erfolgreich gewesen war. Danach verlor sein Bericht den Zusammenhang. Er wußte noch, daß er das Rudel näher herankommen ließ, bis nahe zu dem Fleck, wo er im Gesträuch versteckt lag. Er wußte noch, daß er in einem bestimmten Augenblick aufgesprungen war, um das Rentier mit der Harpune zu erlegen. An das, was danach geschehen war, konnte er sich überhaupt nicht erinnern. Er mußte angegriffen worden sein. Er hatte niemanden gesehen, niemanden gehört. Wer konnte ihn niedergestreckt haben? Unerklärbar blieb auch die Tatsache, daß die Harpune ihm von hinten in den linken Oberschenkel gedrungen war. Sein Verfolger mußte also von hinten gekommen sein. Aber noch merkwürdiger war, daß Lakis eigene Harpune verschwunden war.

Nirgendwo war die Waffe zu finden. Der Mann, der ihn von hinten angegriffen hatte, mußte die Waffe mitgenommen und seine eigene zurückgelassen haben. Eine andere Erklärung gab es nicht.

Reffo wußte nicht recht, wie es nun weitergehen sollte. Er konnte den Verwundeten nicht allein zurücklassen, aber der Mann konnte auf keinen Fall gehen. Die entzündete Wunde schmerzte noch viel zu sehr, aber auch Lakis Knöchel war nicht in Ordnung. Schließlich konnten sie auch nicht ewig hier an derselben Stelle bleiben. Sie mußten weiter, sie mußten versuchen, so schnell wie möglich das Lager am Opfersee zu erreichen.

Mitten in der Nacht wachte Reffo auf. Mitten im Grübeln über die Schwierigkeiten, in denen er steckte, hatte er plötzlich eine Idee. Das war die Lösung! Er mußte es nur versuchen, und wenn es gelang... Konnte er einen besseren Beweis für die Tatsache liefern, daß er nicht umsonst so lange mit seinem Rentier gearbeitet hatte?

Sobald der Morgen graute, kroch Reffo nach draußen. Im dunklen Zelt lag Laki noch in tiefem Schlaf. Reffo legte dem Rentier das Riemenzeug an, an das es sich nun nach und nach gewöhnt hatte. Dann befestigte er seinen Reserve-Zeltpfahl, den er immer für den Fall mitführte, daß einer der anderen Pfähle brechen sollte, so an dem Riemen, daß der Pfahl ein Stück hinter dem Rentier lag. Vorsichtig trieb er das Tier zum Ziehen an. Es glückte. Das Tier drehte nur eben den Kopf, als sei es erstaunt. Reffo klopfte ihm den Hals und ermunterte es zum Weitergehen. Er zog ziemlich lange durch das Gelände. Er ließ das

Rentier hügelauf und hügelab gehen, durch die Sträucher und über Unebenheiten des Bodens.

Als er Hunger verspürte, nahm er dem Tier das Riemenzeug ab und ging mit Pfeil und Bogen auf Jagd. Um die Mittagszeit kam er mit einem Hasen zurück, den er enthäutete und über dem Feuer röstete.

Laki ging es etwas besser als am Tag zuvor. Sie überlegten gemeinsam, was sie unternehmen konnten.

»Ich habe nicht umsonst so lange mit meinem Rentier gearbeitet«, sagte Reffo. »Ich weiß nun, daß es eine Last ziehen kann. Es muß möglich sein, das Gewicht der Last zu erhöhen.«

»Wie meinst du das?«

»Ich nehme soviel wie möglich von meinem eigenen Zeug auf den Rücken. Das Tragegestell befestige ich am Riemenzeug, das Rentier wird dich ziehen.«

»Du bist verrückt.«

»Wir müssen weiter. Ich kann dich hier doch nicht zurücklassen. Und gehen kannst du noch nicht.«

Laki dachte eine Weile darüber nach. Er wußte, daß er ganz und gar von Reffo abhängig war. Er konnte sich schließlich nicht dagegen stemmen, wenn Reffo eine Möglichkeit ausprobierte, ihn von hier fortzubringen. Aber der Zweifel nagte an ihm.

»Das klappt niemals.«

»Das werden wir sehen.«

»Wie willst du das machen?«

Sie saßen beim Feuer vor dem Zelt, im Sonnenschein. »Heute ruhen wir aus, morgen früh breche ich das Zelt ab und mache das Tragegestell fertig. Du mußt zwischen den Zeltpfählen auf dem Zelt liegen. Das wird kein Vergnügen werden, aber es kann gelingen.«

An diesem Nachmittag wurde nicht mehr darüber gesprochen. Aber Laki fragte sich unaufhörlich, was ihm eigentlich geschehen war. Wer war es bloß, der ihn von hinten angegriffen hatte? Und warum war der unbekannte Gegner verschwunden und hatte die Harpune mitgenommen? Das würde wohl auf ewig ein Rätsel bleiben.

Gegen Abend sorgte Reffo für das Essen. Er holte auch Wasser aus dem Bach, wusch die Wunde und verband Laki.

»Wir gehen früh schlafen. Morgen werden wir bei Tagesanbruch das Zelt abbauen. Es wird eine schwierige Reise. Vielleicht müssen wir schon mittags einen neuen Ruheplatz suchen.«

Blutrot versank die Sonne im Westen. Die Vögel suchten ihre Schlafplätze auf. Hier und da raschelte etwas im Gras, ein Hase oder ein Lemming.

Unruhig wälzte sich Reffo in seinem Schlafsack. Morgen mußte er den Beweis liefern. Würde es gelingen? Würde Laki durchhalten? Daß es kein Honigschlecken war, in seinem Zustand über den unebenen Boden gezogen zu werden, brauchte man niemandem zu erklären. Den ganzen Tag konnte er das nicht durchstehen. Es würde eine sehr langsame Reise mit vielen Schwierigkeiten und Unterbrechungen werden, das stand fest.

Vielleicht trafen sie unterwegs einen Jägertrupp. Das könnte eine Hilfe bedeuten. Obwohl... Auch die anderen Gruppen mußten weiter. Sie konnten unmöglich wegen eines Mannes lange Zeit an einem Platz bleiben. Durch die Rauchluke sah Reffo die Sterne. Es war eine Helle Nacht. Laki schlief. Endlich versank auch Reffo in tiefen Schlaf.

Es wurde eine furchtbare Reise. Lakis schwere Kopfschmerzen, eine Folge der Gehirnerschütterung, die er bei dem Sturz auf den Stein erlitten hatte, waren in den wenigen Tagen nach dem Unglück etwas zurückgegangen. Aber nun kehrten sie in voller Stärke zurück, als er auf dem Gestell wie auf einem Schlitten während der Fahrt auf und ab geschleudert wurde. Das Rentier ging langsam, blieb ab und zu, wie es seine Gewohnheit war, stehen, knabberte an Moos oder einem Grasbüschel. Wenn es dann wieder anzog, setzte sich der Schlitten mit einem Ruck in Bewegung. Reffo hatte sich alle Mühe gegeben, es seinem verwundeten Gefährten so bequem wie möglich zu machen. Er hatte die Rentierfelle seines Zeltes so gefaltet, daß sie eine Art erhöhtes Kissen bildeten. Selbst trottete er ganz gekrümmt unter der schweren Last nebenher, die er sonst auf seinem Traggestell mitführte.

Der Weg, der unter normalen Umständen vier oder fünf Tage erforderte, dauerte nun bestimmt dreimal so lange. Seltsamerweise begegneten sie keinem der anderen Jäger auf dem Weg zum Herbstlager. Das milde Nachsommerwetter war auf einmal zu Ende. Die beiden Männer spürten, wie es jeden Tag kühler wurde. Ab und zu rauschte Regen über das Land. Manchmal mußten sie einen Bach durchwaten. Das war äußerst mühsam für den bald völlig erschöpften Laki. Obwohl er sich in den ersten Tagen an der Grenze des Sommerlandes so schnell erholt hatte, zehrten nun die Entbehrungen der Reise immer stärker an ihm.

Reffo, todmüde durch das ständige Schleppen der schweren Last, mußte, sobald sie einen Rastplatz gefunden hatten, auf die Jagd gehen und für das Essen sorgen. Im Regen konnte er kaum jemals ein Feuer anzünden. Laki war zu krank, um etwas essen zu können. Es kostete

Mühe, ihm etwas aufzuzwingen, aber Reffo ließ nicht nach, weil er mit Sorge sah, wie sein Gefährte mit jedem Tag stärker abmagerte. Die Wegstrecken zwischen den Ruhepausen wurden immer kürzer. Wie wollten sie jemals das Herbstlager erreichen, wenn sie nicht schneller vorwärtskamen?

Reffo beschloß, einen Sonderruhetag einzulegen, vor allem um sein Rentier zu schonen. Denn wenn es sich widersetzte und nicht mehr ziehen wollte, würden sie das Lager niemals erreichen.

Die Ruhe bekam beiden Männern gut. Als Reffo abends ein Moorhuhn schoß und röstete, zeigte Laki deutlichen Appetit. Er lag in der jetzt behaglichen Wärme des Zeltes und starrte hinauf zu der Rauchluke. Immer wieder kehrten seine Gedanken zu dem Unglück zurück, das ihm zugestoßen war, und immer wieder suchte er nach einer Erklärung.

»Wenn ich nur verstehen könnte, warum...«

Reffo brauchte nicht zu fragen, was er meinte. Auch seine Gedanken kreisten ständig um dieselbe Frage.

»Ein Raubüberfall kann es nicht gewesen sein, denn du hast dein Messer noch, deinen Druckstein, auch Pfeil und Bogen... alles.« – »Außer meiner Harpune.«

»Ja, alles außer deiner Harpune, aber dafür hast du die Harpune von dem, der dich überfallen hat. Das kann man also keinen Verlust nennen.«

»Doch... ich hatte eine sehr gute Harpune. Der Schaft war aus bestem Birkenholz, er lag so gut in der Hand. Dieser ist viel plumper.«

»Na ja, was macht das schon. Wenn wir im Lager sind, suche ich wieder einen geeigneten Ast und mache eine neue Harpune für dich. Du brauchst mir nur zu sagen, wie du sie haben willst.«

»Sie war so wunderbar glatt«, fuhr Laki fort. »Und in der Mitte, wo ich sie immer hielt, waren einige Kerben, in die meine Finger genau hineinpaßten.«

»Mach dir keine Sorgen. Ich mache dir wieder genauso eine.«

Eine Weile blieb es still. Der Wind rauschte stärker im Geäst der Bäume, die höher wurden, je weiter sie nach Osten vorrückten. In einem Bach, nicht weit vom Zelt, plätscherte Wasser über die Steine. Es war eine mondlose Nacht. Tiefhängende Wolken verbargen die Sterne.

Als das Feuer schon fast gänzlich niedergebrannt war und kaum noch glühte, klang aus der Dunkelheit Lakis Stimme.

»Das Bein bleibt wohl steif. Die Wunde schließt sich nicht. Ich habe Angst, tödliche Angst, daß mein Bein steif bleibt. Dann habe ich meinen Namen ›Der Schnelle Laki‹ für immer verloren.«

»Laß uns erst mal im Lager sein. Da ist Var, da ist Oena, die wissen beide sehr viel von heilkräftigen Kräutern, die werden für deine Wunde sorgen.«

Der Name Oena war gefallen. Zu spät erkannte Reffo, daß er ihn besser nicht genannt hätte.

»Eine schöne Heimkehr«, sagte Laki voller Bitternis. »Ich hatte Oena ein weißes Rentier versprochen. Nun komme ich nicht nur mit leeren Händen, sondern auch als zerlumpter Krüppel heim.«

In der Dunkelheit tastete Reffo nach dem Druckstein in seiner Gürteltasche. Er ließ die Fingerspitzen über die Figur gleiten, die er in der Einsamkeit seiner Verbannung in den Stein eingeritzt hatte. Es war ihm, als sehe er das Bild ganz hell vor sich.

»Ich glaube nicht, daß Oena den Wert eines Mannes daran mißt, ob er ihr eine weiße Felljacke schenkt«, sagte er matt. Er wußte besser als jeder andere, daß Oena nur an Gorm dachte und daß sie in Laki nichts als einen Freund sah.

Laki antwortete nicht. Nach einer langen Stille sagte Reffo: »Es ist kalt. Es scheint, daß Schnee in der Luft liegt. Laß uns schlafen, morgen müssen wir weiter.«

Und er dachte: Schnee! Jetzt schon! Was soll werden?

Tastend suchte seine Hand nach dem Rentier, das ruhig schlief. Es bewegte sich etwas unter der Berührung. Reffo bettete seinen Kopf auf den warmen Leib und schlief ein.

Der Zug der Lemminge

Bole war wütend, als Ake ihm berichtete, daß Reffos Zelt verschwunden war. Var versuchte ihn zu beruhigen.

»Reg dich nicht auf, Bole. Das war vorauszusehen.«

»Vorauszusehen? Daß er ohne meine Zustimmung seinen eigenen Weg geht? Er hat sich außerhalb der Gemeinschaft gestellt. Ich will ihn nicht mehr in der Gruppe haben.«

Mare, die mit Haja dabei war, eine Haut sauber zu schaben, unterbrach ihre Arbeit und sah erschrocken auf.

»Sei vernünftig«, sagte Var ruhig. »Er konnte doch nicht bleiben, wenn sein Rentier wegen der Rachendasseln durchzugehen drohte. Da blieb ihm nichts anderes übrig.«

»Er hat sich also für das Tier statt für seine Gruppe entschieden.«

»Er hat sich in der Tat entschieden. Er ist davon überzeugt, daß er etwas Gutes tut; er kann das nicht so ohne weiteres aufgeben, selbst dann nicht, wenn daraus Schwierigkeiten entstehen.«

»Was erwartest du eigentlich von mir? Ich habe so viel Geduld mit dem Jungen gehabt. Das geht zu weit!«

Aber der alte Priester wußte, daß gerade der Entschluß Reffos, jetzt den schwierigsten Weg zu wählen, ein Zeichen dafür war, daß er einen starken Charakter hatte und von seiner Sache überzeugt war.

»Warte ab, Bole, warte bis zum Herbstlager! Es würde mich nicht wundern, wenn du dann entdeckst, daß Reffo etwas Nützliches zustande gebracht hat. Du mußt ihm die Chance geben, die Richtigkeit seiner Überlegungen zu beweisen.«

»Die Richtigkeit... das kann nicht sein.«

»Urteile nicht zu schnell. Ich habe Vertrauen zu deinem Sohn.«

Bole blieb mürrisch, obwohl er nun nicht weitersprach. Mare atmete erleichtert auf. Sie war froh, als Ake am folgenden Morgen mit einer Neuigkeit heimkam, die für eine Ablenkung sorgte. Er hatte einen Elch entdeckt, der in nicht allzu weiter Entfernung am See Wasserpflanzen und Blattwerk fraß. Niemand vermutete einen Elch im Sommerland, wo keine Bäume wuchsen. Sie waren völlig überrascht und sofort überzeugt, daß sie sich diese außergewöhnliche Gelegenheit nicht entgehen lassen durften.

Sie brachen auf, nahmen Harpunen und Pfeile und Bögen mit, und außerdem eine ansehnliche Menge Stricke.

»Wir müßten eigentlich schon unterwegs sein«, brummte Bole. Aber auch er war der festen Überzeugung, die Möglichkeit, einen Elch zu fangen, auf keinen Fall verstreichen zu lassen. Die gewaltige Menge Fleisch, die das große Tier bot, konnte geräuchert werden. Auch von einem Elch war alles zu gebrauchen, genau wie von einem Rentier.

»Mir läuft das Wasser schon im Mund zusammen, wenn ich an all die leckeren Sachen denke, die wir nun zu essen kriegen: Herz und Zunge, Rippenstücke und Fett…« Genüßlich zählte Ake die Teile auf. »Und natürlich eine völlig neue Zeltbedeckung, das steht fest.«

Bole nickte. Dann los! Noch ein paar Nächte konnten nicht schaden, obwohl nun auch die Menschen seiner Gruppe unter der Insektenplage zu leiden hatten. Es war nicht angenehm, jede Nacht in einem rauchigen Zelt zu schlafen, aber für alles mußte schließlich ein Preis bezahlt werden.

Nach wenigen Tagen hatten die jungen Männer das Tier gestellt. Sie fingen es in den ausgespannten Stricken und stachen es mit den Harpunen nieder. Nachdem sie

es zum Lager geschleppt hatten, begann die Arbeit für die Frauen, aber insgesamt gesehen war der Erfolg der Mühe wert. Die Knochen und vor allem das Geweih mit den breiten, löffelförmigen Verzweigungen, mit denen sich die heißen Steine so gut ins Wasser senken und wieder herausnehmen ließen, wurden sorgfältig gesäubert und vorsichtig gelagert; das Fleisch wurde über dem wegen der Insekten ständig brennden Feuer geräuchert.

»Höchstens noch drei Tage«, entschied Bole. »Dann müssen wir auf jeden Fall aufbrechen.«

Aber es dauerte keine drei Tage mehr.

In der Nacht wurde Var in seinem Zelt, in dem nun der neue Himmelsbaum stand, von einem seltsamen Geräusch geweckt. Es dauerte eine Weile, bis er erkannte, was er hörte. Es war ein merkwürdig brummendes, pfeifendes, piepsendes und knarrendes Geräusch. Erst kam es von ganz weit her. Er blickte durch die Rauchluke zu den Sternen und dem Mond am hellen Himmel und fragte sich, was da wohl auf der großen Ebene geschah. Es tauchte in ihm eine Erinnerung auf, als habe er schon einmal etwas Ähnliches erlebt. Wann? Wo?

Var schob den Schlafsack zurück und schlug den Vorhang auf. Im hellen Mondlicht lag das Sommerland in blauweißem Schimmer vor ihm. Dort, weit in der Ferne, war es, als sei die Erde in Bewegung. Dunkle Schatten rückten schnell vorwärts, auf Boles Lager zu. Und auf einmal wußte er, was da geschah.

Var schloß den Vorhang wieder, damit die Insekten nicht hinein konnten, und ging schnell über das dunkle Land zu den Zelten von Boles Gruppe hinüber.

»Aufwachen! Aufwachen! Die Lemminge kommen!«

Wie eine im Wind wogende Grasfläche rückte das Unheimliche genau auf sie zu. Bole und seine Söhne sprangen auf und stürzten nach draußen, die Harpunen in der Hand. Aber es war unmöglich, diese Flut von Tausenden und Abertausenden Lemmingen aus ihrer Richtung abzudrängen. Unbeirrbar gingen sie auf die Zelte zu. Selbst als sie sie erreichten, wichen sie nicht aus. Unter den Zeltwänden her strömten sie unaufhaltsam weiter, alle in derselben Richtung, piepsend, knurrend, pfeifend, wie ein Insektenheer, unabwendbar.

Die Tiere rannten durch die noch schwelende Asche des Herdfeuers, verbrannten sich Haut und Füße, ohne auch nur einmal ein wenig auszuweichen. Am Herdplatz fiel der Feuerkern auseinander, Funken sprangen auf den trockenen Boden, ein Rentierfell geriet in Flammen. Ehe jemand eingreifen konnte, griff das Feuer um sich, die Zeltbekleidung loderte wie eine Fackel. Niemand konnte das Feuer löschen. Zahllose Lemminge kamen in den Flammen um, aber noch viel, viel mehr verfolgten weiter ihren Weg über die toten Artgenossen hinweg.

Völlig fassungslos standen Boles Leute in der nicht aufzuhaltenden dunklen Flut, die geradewegs auf das Seeufer zustrebte. Den offenbar fühllosen kleinen Wesen folgten Marder, Iltisse und Füchse, aus der Höhe schwebten Eulen heran, die sich in regelmäßigen Abständen herunterstürzten, um sich ihre Beute zu sichern. Aber der Zug der Lemminge zog weiter, immer weiter, unaufhalt-

sam. Am Seeufer warfen sie sich, ohne einen Augenblick zu zögern, ins Wasser und schwammen fort, an das unsichtbare andere Ufer oder in den Untergang...

Var hatte in seiner Jugend einen ähnlichen Lemmingzug erlebt. Die Tiere, die hauptsächlich von Flechten lebten, aber auch Gras und Wurzeln fraßen, wurden manchmal durch eine unerklärbare Ursache dazu getrieben, sich alle gleichzeitig in eine Richtung in Bewegung zu setzen. Das hatte etwas mit ihrer zu großen Zahl zu tun, wußte Var. Aber das wirkliche Geheimnis des Lemmingzuges war auch dem alten Priester nicht bekannt.

Es dauerte lange, bis der Strom der Lemminge vorüber war. Die ganze Ebene, durch die sie gezogen waren, lag voll mit Resten der angegriffenen Tiere. Eulen, Marder und Füchse hatten sie teilweise aufgefressen, teilweise verstümmelt liegengelassen.

An den aufgeschürten Feuern saßen die Menschen in dieser Nacht beisammen und sprachen über nichts anderes als über dieses Ereignis.

»Vielleicht liegt es an der Trockenheit dieses Sommers«, meinte Var. »Lemminge fühlen sich am wohlsten im Winter, wenn sie Gänge im Schnee graben können. Dann kann nur das Hermelin sie verfolgen. Der Schnee sorgt für Wärme und Schutz, und die eingeschneiten Pflanzen und Wurzeln bieten genügend Nahrung. Aber in einem warmen Sommer können die Lemminge nur flache Gänge graben, gerade unter der Oberfläche, denn wenn sie tiefer wollen, stoßen sie auf die gefrorene Schicht. Der Sommer ist die gefährlichste Zeit für diese Tiere.«

»Aber dann verstehe ich nicht, daß sie am Ende des Sommers losziehen. Wenn das stimmt, was du sagst, fängt doch für die Lemminge gerade jetzt die gute Zeit an«, entgegnete Bole.

»Ich denke, daß in diesem Sommer zu viele Lemminge geboren wurden. Am Ende des Sommers gibt es am wenigsten Nahrung. Vor allem, wenn es so trocken gewesen ist. Ich denke, daß sie deshalb ihren Selbstvernichtungszug beginnen.«

»Wir müssen weg. Nicht mehr drei Tage warten! Morgen brechen wir auf«, bestimmte Bole.

Niemand versuchte, den Aufenthalt am Sonnensee in die Länge zu ziehen. Die Ereignisse dieser Nacht hatten alle in Unruhe versetzt. Der Verlust eines ganzen Zeltes, von sechs Schlafsäcken, Fleisch- und Fischvorräten und vielen hölzernen und knöchernen Geräten wirkte sich auf die Stimmung der Gruppe aus. Ruhig suchte jeder seinen Schlafplatz in den Zelten, die noch standen. Die abscheulichen Geräusche, die die Lemminge verursacht hatten, waren verstummt. Über die Ebene zog der Mond seine Bahn. Stille breitete sich wieder über den Zelten am See aus.

Wer im Laufe dieser Nacht erwachte, konnte die Wölfe heulen hören, die der Spur der Lemminge gefolgt waren und sich an den Resten gütlich taten, die die Ebene jetzt noch bot.

Zwei Männer vermißt

Über der weiten Ebene des Sommerlands kreiste ein einsamer Adler. Die wäßrige Abendsonne brachte Farbe in das still gewordene Land, aus dem Menschen und Tiere weggezogen waren. Der Adler war gut genährt. An Wühlmäusen und Lemmingen, Moorhühnern und kleinen Vögeln hatte es ihm im nun zu Ende gehenden Sommer nicht gefehlt. Der Adler konnte auf der großen Ebene keinen Menschen mehr entdecken.

Die Abende waren kalt. Sobald die Sonne unterging, fegte ein scharfer Wind über das Land. Nachts sank die Temperatur schon bis unter den Gefrierpunkt. Morgens wurden die Schilfgürtel am Ufer von einer dünnen Eisschicht festgehalten.

Auf den alten vertrauten Wildpfaden zogen die letzten Rentierrudel dem Brunftgebiet entgegen. Auch sie waren gut genährt, sie zogen viel schneller als bei ihrer Ankunft im Frühjahr. Die Geweihe der Böcke hatten ihren Bast schon längere Zeit verloren. Hart und glänzend zierte der Schmuck die prachtvollen Köpfe. Die Geweihe waren furchterregende Waffen, mit denen um den Besitz der Weibchen gekämpft wurde.

In der Stille der Nacht war ihr Röhren schon aus großer Entfernung zu vernehmen.

Rund um den Opfersee warteten die Gestelle mit den im Frühjahr gelagerten Vorräten an Winterkleidung, Häuten und Fett auf die Familienverbände, die nun allmählich eintrafen.

Der Rentierschädel auf dem hohen Pfahl wiegte sich im Wind. Zum zweitenmal in einem Vier-Jahreszeiten-Kreislauf wartete das Lager auf den Stamm, der es nun nach dem Aufenthalt im Sommerland wieder beziehen sollte, um während und nach der Brunftzeit der Rentiere wieder auf die Jagd zu gehen. Bei der großen Frühjahrsjagd kam es vor allem auf das Fleisch an, bei der Herbstjagd waren die Felle die Hauptsache.

Als einer der ersten traf Sian mit seiner Gruppe ein. Mit Genugtuung stellte er fest, daß die Hüttengestelle noch ziemlich vollständig erhalten waren. Es dauerte nicht lange, da spannten sich die Häute wieder über den Zeltstöcken, und die Frauen streuten das gesammelte Reisig aus, legten die Bodenfelle darüber und bereiteten die Feuerstelle vor.

Oena und Losse hatten im Sommerland Kräuter gesucht, die in Büscheln im First des Zeltes getrocknet wurden. Sian und Ila, Orf und Niri richteten ihre Plätze her. Oena begab sich auf einen Erkundungsgang. Sie wollte wissen, ob ihre Freunde schon angekommen waren. Hatte Laki ihr ein weißes Rentierfell mitgebracht? Sie hoffte, daß er keins erlegt hatte, denn sie wußte immer noch nicht, wie sie sich ihm gegenüber verhalten sollte. Seltsam war, daß Gorm, der ihr ganzes Denken und Tun seit dem Augenblick beherrscht hatte, als sie sich beim Nähen des Trageleders für Niris Säugling in den Finger gestochen hatte, jetzt nur noch selten in ihren Gedanken eine Rolle spielte. Sie hatte das Gefühl, er sei so weit von ihr entfernt, daß ihre Gedanken ihn nicht mehr erreichen konnten. Am meisten erstaunte sie dabei, daß sie darüber gar nicht traurig war.

Aber das bedeutete beileibe nicht, daß sie nun gleich auf Lakis Annäherungsversuche eingehen wollte. Gewiß, sie fand ihn nett, und sie bewunderte seine Gewandtheit und sein anziehendes Aussehen. Aber was war sonst noch an ihm? Sie wußte es nicht. Sie war neugierig darauf, wie ihre nächste Begegnung nun wohl verlief.

Wie mochte es Reffo in der Zwischenzeit ergangen sein, einsam, als halb Verstoßener hinter Boles Gruppe?

Und neben ihr sprach Losse aus, was sie gerade dachte: »Wie mag es mit Reffos Rentier gehen?«

Oena gab keine Antwort. Das erwartete Losse auch gar nicht. Sie war gewohnt, ihre Gedanken auszusprechen, ohne mit einer Antwort zu rechnen. »Ich glaube, daß es

durchgegangen ist, als die Dasseln kamen. Was meinst du?«

»Das ist gut möglich. Aber das wäre doch sehr schade für Reffo. Er hat alles getan, um das Tier zu zähmen. Und er hat soviel Unannehmlichkeiten dafür in Kauf genommen.«

Losse sah das nicht so schlimm. »Nun, Bole und die anderen werden es mit der Zeit wohl vergessen. Reffo ist als Werkzeugmacher so gut, daß sie ihm nicht lange böse bleiben können. Ich hoffe, daß er mir einen neuen Trinknapf schnitzt, meiner leckt.«

Einige Tage später, als Sians Gruppe sich schon völlig eingerichtet hatte, traf Lakis Gruppe ein. Die Tatsache, daß der Schnelläufer nicht dabei war, erregte entsprechende Unruhe. Wo konnte Laki sein? Seine Männer hatten, als er von der Jagd im Sommerland nicht zurückkehrte, die ganze Gegend abgesucht, ohne eine Spur von ihm zu finden. Am Schluß blieb ihnen nichts anderes übrig, als weiterzuziehen. Mit bösen Ahnungen setzten sie ihren Weg zum Opfersee fort. Die Stimmung bei der Ankunft war sehr niedergeschlagen.

Alle Jäger sprachen in diesen Tagen kaum über etwas anderes als über Lakis Verschwinden. Oena war bestürzt. In ihr regte sich die Frage, ob er vielleicht bei der Suche nach dem versprochenen weißen Rentier verunglückt war. Sie begann, sich irgendwie schuldig zu fühlen, obwohl dafür natürlich gar kein Grund bestand. Sie hatte ihn doch um nichts gebeten. Er hatte ihr ein großes Geschenk machen wollen, ein ganz besonderes Geschenk. Sie hatte ihn nicht dazu ermutigt...

Am Rand der Siedlung war Gorms Gruppe mit dem Einrichten beschäftigt. Aus Neugier wollte Oena eigentlich hingehen, aber etwas hielt sie zurück. Fürchtete sie sich, Gorm zu begegnen? Aber natürlich sahen sie sich abends beim großen Lagerfeuer am Opferpfahl. Das Verschwinden von Laki beschäftigte alle. Doch dann kam natürlich auch der Moment, ab dem sie sich darüber nichts mehr zu sagen hatten. Alle Möglichkeiten waren durchgehechelt worden. Nach allgemeiner Meinung mußte er verunglückt sein. An einen menschlichen Feind auf der großen Ebene dachte niemand. Die verschiedenen Jägergruppen bekämpften einander nicht. Außerdem gehörten sie alle praktisch zum selben Stamm. Das Gebiet am Nordende des Sonnensees war das Jagdgelände eines anderen Stammes, der auch aus dem Osten kam, aber das ganze Jahr hindurch nördlich des Großen Stromes blieb. Es war nicht anzunehmen, daß ein Angehöriger dieses Stammes so weit nach Süden vorgedrungen war, außerdem war es undenkbar, daß dieser Stamm einen einsamen Jäger angriff. Was sollten sie sich davon versprechen? Waffen und Kleidung eines Mannes waren keine Beute, die einen Stammeskrieg lohnten. Nein, Laki mußte verunglückt sein. Oder ein großes Tier hatte ihn angegriffen, vielleicht ein verirrter Elch oder ein Wisent. Im Grenzgebiet des Sommerlands, wo es geschehen sein mußte, war eine Begegnung mit einem Wisent nicht ausgeschlossen. Trotzdem blieb es merkwürdig, daß niemand in der weiteren Umgebung von Lakis letztem Lagerplatz etwas hatte entdecken können, das auf einen Kampf mit einem großen Tier schließen ließ.

Oena hörte den erregten Gesprächen zu. Ihre Augen suchten in der Menge nach Gorm. Als sie ihn an der anderen Seite des Feuers entdeckte, gerade an der Grenze des Lichtscheins, fiel ihr seine starre Haltung auf. Der sonst so selbstsichere Mann schien wie gekrümmt. Sie hörte auch seine Stimme nicht. Es war ungewöhnlich, daß Gorm nicht an einem Gespräch über so wichtige Angelegenheiten teilnahm. Obwohl sie alles tat, um mit ihm in Gedankenverbindung zu kommen, glückte es ihr nicht. Es berührte sie seltsam, weil es früher so leicht gewesen war.

Zum Schluß verstummte das Gespräch über Laki. Man tauschte jetzt Erfahrungen über die im Sommerland verbrachten Monate aus. Jüngere Männer erzählten Wundergeschichten über ihre gewaltigen Fischfänge, Frauen sprachen über die gute Ernte an Rotbeeren, Brombeeren, Rüben und Kräutern.

»Seltsam, daß Bole noch nicht hier ist«, hörte Oena Orf sagen, »er kommt doch sonst nie so spät.«

»Bole ist als letzter aus dem Frühjahrslager aufgebrochen. Wegen des Trubels um Reffo. Ich glaube, daß er sich deshalb auch als letzter vom Sommerland verabschiedet hat.«

»Es ist zu hoffen, daß er nun doch bald kommt. Ohne Boles Gruppe können wir die Jagd nicht eröffnen, vor allem nicht, weil Var mit ihm zieht.«

Das war richtig. Var mußte die Feierlichkeiten leiten, die der großen Herbstjagd vorausgingen. Es war wichtig, daß sie bald begannen.

»Auf jeden Fall können morgen schon Späher die Suche nach den Rentieren aufnehmen«, meinte Sian. »Wir wollen es wieder so einteilen wie im Frühjahr. Gorm kann die eine Spähergruppe leiten und die andere…«

»Der Schnelle Laki«, hatte er fortfahren wollen, aber Laki war nicht da. Es war ein peinlicher Augenblick, den er sofort zu verwischen versuchte. »Orf…, es scheint mir am besten, wenn du die andere Gruppe übernimmst, Orf! Dann wissen wir auf jeden Fall, sobald Bole ankommt, wo wir die Rentiere finden, und wir verlieren damit keine Zeit mehr.«

Ein alter Mann, der schon seit vielen Jahren nicht mehr an der Jagd teilnehmen konnte, schnaubte hörbar. »Es scheint mir, daß Schnee in der Luft liegt. Das wäre für diese Jahreszeit außerordentlich früh.«

Andere schnaubten nun auch.

»Du bildest dir das ein«, sagte Sian. »Die Luft ist zu klar.«

Aber in derselben Nacht zog aus dem Westen eine dichte Wolkendecke über das Land. Wer in dieser Nacht aufwachte und durch die Rauchluke zum Himmel blickte, konnte keinen einzigen Stern sehen. Es wurde empfindlich kalt. Der Alte, der meinte, den Schnee gerochen zu haben, stöhnte unter quälendem Kopfweh und schmerzenden Gelenken. Er war schon mehrfach als Wetterprophet hervorgetreten, sein alter Körper spürte die Wetterveränderungen im voraus. Während er sich im Schlafsack umdrehte, dachte er: Ich habe es doch gesagt. Aber es war kein Triumph in seinen Gedanken.

Eine dünne Schicht Schnee bedeckte am nächsten Morgen das Grenzland am Wald. Träge sanken die dünnen Flocken auf die Langzeithütten nieder. Der Winter kam früh.

Die Kinder wurden ausgeschickt, Reisigholz für die großen Feuer zu holen, mit denen die Beute zubereitet und Marksuppe gekocht wurde und an denen die Jäger sich wärmten.

Als letzte kamen Bole und seine Leute im Lager an. Zur Begrüßung liefen ihnen alle entgegen, aber schon schnell stellte sich heraus, daß auch in der Gruppe des Stammoberhauptes einiges ganz und gar nicht stimmte.

Da alle gern erfahren wollten, wie es während des Sommers mit Reffo und seinem Rentier weitergegangen war, fiel sofort auf, daß er fehlte. Von allen Seiten bestürmte man Bole mit Fragen. Unwirsch bestätigte er, was alle schon bemerkt hatten.

»Reffo ist weggezogen. Ich weiß nicht, wohin. Er hat sich außerhalb des Stammes gestellt. Für ihn ist kein Platz mehr in unserer Mitte.«

Das klang wie ein Urteil. Var versuchte, Bole zu beruhigen, indem er ihm die Hand auf die Schulter legte, aber das war wohl zuviel verlangt von Bole, der sich vor allen seinen Leuten blamiert sah.

Die Brüder führten das große Wort. »Er ist von bösen Geistern besessen. Er lebt mit Tieren zusammen.«

Einer der Jäger, der sehr praktisch dachte, stellte gleich die wichtigen Fragen: »Und wer sorgt nun für unsere Geräte? Für die Waffen? Wer stellt Klingen aus den Kernsteinen her? Wer macht neue Harpunen?«

»Tu doch nicht so, als ob das nur Reffo könnte!« entgegnete Ake sofort. »Wir haben doch alle die schönen Feuersteine aus dem Sommerland gesammelt; ganze Abende lang haben wir die wertlose Außenschicht entfernt. Natürlich können auch wir im Laufe des Winters aus den Kernen Geräte anfertigen. Das wäre ja was, wenn wir alle von einem einzigen Mann abhängig wären!«

Wortlos ging Oena fort. Sie fühlte sich seltsam niedergeschlagen.

Als sie an Vars Zelt vorbeikam, fiel ihr auf, daß der alte Priester sich gerade einrichtete. Sie sah den prachtvollen Vogel auf dem neuen Himmelsbaum, der durch die Rauchluke in die Höhe ragte.

»Guten Morgen, Oena«, sagte der Priester. »Was siehst du so nach meinem Himmelsbaum?«

»Der ist neu. Warum? Früher war doch ein ganz anderer Vogel drauf. Oder nicht?«

Var erzählte von dem furchtbaren Unwetter, von dem Blitz, der sein Zelt verwüstet hatte, kurz vor dem Frühjahrstreck, als Oena schon mit ihrer Gruppe aufgebrochen war.

»Reffo hat den neuen Baum für mich gemacht. Ist er nicht schön?« Sie nickte.

Der alte Mann konnte ihre Gedanken lesen. Ohne daß sie eine Frage stellte, sagte er: »Du brauchst dir keine Sorgen um Reffo zu machen. Er wird es schaffen. Ich setze große Erwartungen in ihn.«

»Aber... aber Bole sagte doch, daß er ausgestoßen wird, wenn er zurückkommt. Alle sind böse auf ihn.«

Der alte Mann lächelte. »Die Geister sind ihm wohlgesonnen, Oena. Er ist ein Mann, der weiß, was er will. Er faßt seine eigenen Beschlüsse und läßt sich davon nicht abbringen, wenn er im Inneren erkannt hat, daß er im Recht ist. Er ist ein Mann, der sich durchzusetzen weiß.«

»Vielleicht ist er aber tot...« sagte sie voller Angst.

»Nein. Er ist nicht tot. Das müßte ich wissen.«

Er nickte ihr freundlich zu und ging in sein Zelt. Sorgfältig schloß er den Vorhang. Etwas später sah Oena eine Rauchspirale aus der Spitze seines Zeltes aufsteigen. Der Rauch umkreiste den Vogel, so daß es aussah, als löse er sich von dem Pfahl und steige zum Himmel auf. Oena wußte, daß der Geist des Priesters nun den Körper verlassen hatte, um Verbindung mit den Geistern und der Urmutter zu suchen.

Einigermaßen beruhigt durch die Versicherung, daß Reffo nicht tot sei, ging sie zu ihrem Zelt zurück.

Das Herbstlager

Die Spähergruppen unter Leitung von Gorm und Orf hatten inzwischen die Stellen entdeckt, wo die großen Brunftkämpfe stattfanden. Ganz vorsichtig, um ihre Anwesenheit nicht zu verraten, hatten sie sich gegen den Wind den Rentieren genähert. Befriedigt stellten sie fest, daß es viele Tiere waren und daß sie gut genährt aussahen. Die Männer waren aus sicherem Abstand im Schutz der Büsche Zeugen heftiger Kämpfe. Die Böcke bekämpften sich mit den Vorderhufen und den schweren Geweihen und schlugen aufeinander ein, daß es krachte. Manchmal verhakten sich die Geweihe ineinander, und es dauerte endlos lange, bis sie sich wieder voneinander lösen konnten. In einigem Abstand warteten die Rentierkühe und die Jungen. Der stärkste Bock übernahm die Führung des Rudels, der andere zog ab und suchte nach einem schwächeren Gegner, um einen neuen Kampf zu beginnen.

Der kürzeste Weg zum Lager führte am Großen Strom vorbei. Als Gorm aus seiner bisherigen Richtung abbiegen mußte, sah er, daß sich im Westen, weit in der Ferne, etwas bewegte, etwas Dunkles, das sich mühsam durch den frisch gefallenen Schnee auf ihn zu bewegte.

»Halt!« rief er seinen Männer zu. »Seht mal, das scheint ein Mensch zu sein.«

Sie hielten an, alle starrten in die Ferne.

»Nein, das ist kein Mensch«, rief Nor, ein ganz junger Jäger mit besonders scharfen Augen. »Ihr könnt es glauben oder nicht, das ist ein Rentier...«

»Ein einzelnes Rentier?«

»Ja, nein, nein... Ich kann es noch nicht richtig erkennen. Ja, es scheint... es scheint, als...«

»Kommt mit!« rief Gorm. »Wir müssen hin. Da ist etwas Seltsames im Gang...«

Ein neuer Schneeschauer behinderte die Sicht. Der feine Schneestaub, vom Wind aufgejagt, verhüllte die sich nähernde Gestalt, in der Nor ein Rentier erkannt zu haben meinte. Das dunkle Gebilde schob sich am Wasser entlang, kämpfte gegen den Schneeschauer und entpuppte sich nun als ein Rentier und eine menschliche Gestalt. Das Rentier bewegte sich unnatürlich langsam, der Mann beugte sich weit vor, als sei er am Ende seiner

Kräfte. Und da war noch etwas, zwischen dem Rentier und dem Mann, etwas, das auf dem Boden schleifte.

Gorm stürmte nun vor, wie von einer unsichtbaren Macht getrieben. Aber in seinem Innern war etwas wie erstarrt. Er war der erste, der es aussprach: »Männer, das ist Reffo. Das muß Reffo mit seinem gezähmten Rentier sein.«

Nun begannen sie alle zu rennen, um so schnell wie möglich bei dem Mann zu sein.

Reffo sah die Männer erst ziemlich spät. Auf einmal spürte er eine ungeheure Erleichterung. Er war sehr lange Zeit dem Großen Strom gefolgt, weil er wußte, daß dies, da er sich jetzt nicht mehr nach der Sonne orientieren konnte, die einzige Möglichkeit war, nicht die Richtung zu verlieren. An einer bestimmten Stelle mußte er, um den Opfersee zu erreichen, vom Strom abbiegen, aber er wußte nicht, wo die Stelle war. Die Erkennungspunkte im Land lagen unter einer dicken weißen Decke. Wenn er sich, so dicht beim Ziel, doch noch verirrte, dann war alle Mühe umsonst. Es war so kalt, und seine Hände waren so steif, daß er das Zelt nicht mehr aufbauen konnte. Er mußte Menschen finden, wenn er nicht noch in dieser Nacht erfrieren wollte.

Ein verschneites Gebüsch nahm ihm einen Augenblick jegliche Sicht. Aber dann hörte er Stimmen. Stimmen bedeuteten Menschen, und Menschen bedeuteten Rettung. Reffos total steife Füße blieben an einem gefrorenen Erdaufwurf hängen. Er stürzte vornüber. Die Traglast glitt ihm von den Schultern. In diesem Augenblick, da die Rettung nahte, verließ ihn alle Kraft. Vor ihm hielt das Rentier. Auf einmal waren Gesichter über ihm. Bekannte Gesichter.

»Reffo, bist du es, Reffo?« Jemand rief: »Was ist denn mit deinem Tragegestell?«

Alles drehte sich vor Reffos Augen. Weil er wußte, daß nun Menschen da waren, die sich seiner annahmen, versuchte er nicht mehr, gegen die Schwäche anzukämpfen. Er ließ sich fallen und versank in Bewußtlosigkeit.

Gorm faßte nach dem Geweih des Rentiers. Das Tier machte keinen Versuch zu fliehen. Nor wischte den Schnee von dem Lastschlitten, der auf merkwürdige Art hinter dem Rentier hing. Ein Gesicht kam zum Vorschein, als er die oberste Rentierhaut zurückschlug. Ein bleiches Gesicht, eingefallen und bis auf die Knochen abgemagert, in der Frostkälte erstarrt, ein bekanntes Gesicht...

Da begann sich auch für Gorm die Welt zu drehen. Er wußte schon Bescheid, ehe Nor es herausschrie: »Laki! Das ist der Schnelle Laki. Und er lebt, er lebt...«

In der Erschütterung durch diesen Augenblick des Wiedererkennens achtete niemand auf Gorm. Und das war gut. Wie hätte er erklären können, daß er am ganzen Leib wie ein Kranker mit hohem Fieber zitterte?

Der außergewöhnlich frühe Schnee hielt sich nicht lange. Nach drei Tagen wurde es wärmer. Der Schnee schmolz, die Landschaft wurde morastig. In den Nächten gab es leichten Frost, der seine Vor- und Nachteile hatte.

Tagelang war das Lager in Aufruhr. Man sprach über nichts anderes als über Reffo und Laki, die in Vars Zelt lagen.

Sobald das Rentier vom Schlitten gelöst war, sprang es los und verschwand, ehe jemand es daran hindern konnte, im Wald. In der allgemeinen Aufregung kam niemand auf den Gedanken, ihm zu folgen. Erst später wurde es den Männern klar, welche schwere Enttäuschung nun auf Reffo wartete. Wer hatte den Mut, es ihm zu erzählen?

Var hatte Oena für die Pflege der Kranken zu Hilfe gerufen. Sie behandelte die Männer mit heilenden Kräutern. Dazu gehörten Brennesseln gegen Gelenkschmerzen, die blutreinigende und wundensäubernde Birkenrinde und Wegerich für Lakis offene Wunden. Unter der guten Pflege von Oena und Var begannen Lakis Verletzungen nun langsam zu heilen.

Reffos Interesse für seine Umgebung kehrte schon nach zwei Tagen zurück. Es war Oena, die ihm auf seine Frage antworten mußte, sein Rentier sei verschwunden. Er nahm diese schlechte Nachricht ziemlich gefaßt entgegen.

»Es kommt wohl wieder zurück.«

»Meinst du?« fragte Oena. Sie glaubte nicht daran, wollte ihn aber nicht beunruhigen.

In der Nacht, als es im Lager völlig still war, erwachte Reffo. Seine geübten Ohren hörten vor dem Zelt ein vertrautes Geräusch, das Knacken der Rentiergelenke. Vorsichtig richtete er sich auf und pfiff leise, um Laki und Var nicht zu wecken, das Signal, mit dem er im Sommerland das Tier immer zu sich gelockt hatte. Kurz darauf schob sich der Vorhang des Zelts beiseite, und das Rentier streckte den Kopf herein.

Am Morgen sah Var beim Erwachen zu seinem grenzenlosen Erstaunen, daß das Rentier und sein Herr nebeneinander lagen und fest schliefen. Von diesem Augenblick an blieb das Rentier in Vars Zelt, ganz in der Nähe seines Herrn. Und es gab niemanden mehr, der das seltsam fand oder sich darüber beschwerte.

Reffo und Laki waren gesunde, starke Männer in der Kraft ihrer jungen Jahre. Deshalb war damit zu rechnen, daß sie bald wieder zu Kräften kamen. Und der beste Platz zur Erholung war tatsächlich das Herbstlager.

Während die Männer die zur Brunft versammelten Rentiere jagten, konnten sich Var und Oena ganz den Kranken widmen.

Sehr viel schwieriger war die Antwort auf die Frage, was eigentlich an der Grenze des Sommerlands geschehen war.

Reffo erstattete, sobald er dazu in der Lage war, seinen Bericht vor dem Rat der Ältesten. Er konnte nur sagen, wie und wo er Laki gefunden hatte. Für den rätselhaften Zustand, in dem sich sein Kamerad befand, konnte er keine sinnvolle Erklärung geben.

Etwas länger dauerte es, bis Laki auf die Fragen der Ältesten antworten konnte. Der Transport auf dem Lastschlitten war für ihn eine Qual gewesen. Seine anfänglich schnell zurückgehende Gehirnerschütterung war durch das Stoßen und Rütteln während des Transports in ein kritisches Stadium geraten, kurz bevor sie von Gorm und seinen Männern gefunden wurden. Aber auch Lakis dürftige Darstellung brachte keine Antwort auf die wichtigste Frage: Wer hatte Laki nach dem Leben getrachtet?

Im Lager redete niemand mehr schlecht über Reffo. Reffo selbst hielt es nicht für erforderlich, auf sein Recht zu pochen. Alle hatten nun mit eigenen Augen gesehen, daß sein Plan, Rentiere zu zähmen und als Zugtiere zu benutzen, äußerst nützlich und für den ganzen Stamm vorteilhaft war. Wenn Reffo sich nicht während des ganzen Sommers um sein Rentier bemüht und es an das Ziehen von Lasten gewöhnt hätte, wäre Laki auf dem schrecklichen Weg zum Opfersee zweifellos umgekommen.

Bole und die anderen Familienleiter waren sich darin

einig, daß Reffos fortschrittliches Verhalten ihn nicht außerhalb der Gemeinschaft gestellt, sondern ihm einen wichtigen Platz verschafft hatte. Selbst Ake und die Brüder waren ehrlich genug, ihre Angriffe auf Reffo einzustellen. Für Menschen, die so aufeinander angewiesen waren wie die Rentierjäger, bedeutete ein andauernder Streit aus Eifersucht oder wegen unterschiedlicher Meinungen eine tödliche Gefahr. Selbst die jungen Hitzköpfe sahen das ein. Niemand nahm ihm mehr übel, daß er so wenig an der Jagd interessiert war. Wer die Richtigkeit seiner Ansichten einmal bewiesen hatte, verdiente Respekt.

Sobald er wieder in der Lage war, ruhig nachzudenken, überdachte Reffo einige seiner Erfahrungen.

»Wenn das Rentier nicht im Ziehen einer Last geübt gewesen wäre«, sagte er zu Var, »hätte Laki sterben müssen. Ich wäre niemals in der Lage gewesen, ihn und meine normale Last über diese große Entfernung zu tragen oder zu ziehen.«

»Trotzdem begreife ich nicht, wie du die große Entfernung hast zurücklegen können, ohne daß Laki gestorben ist.«

»Das lag daran, daß es so früh zu schneien begann. Als der erste Schnee fiel, dachte ich zunächst, das sei unser beider Ende. Jetzt weiß ich, daß der Schnee unsere Lage verbesserte. Es war zwar nachts entsetzlich kalt, aber das Rentier konnte den Lastschlitten viel besser über den Schnee ziehen. Vor allem frühmorgens, wenn die oberste Schicht vom Nachtfrost ganz hart war, glitt der Schlitten viel leichter, viel zügiger als über den normalen, unebenen Boden. Und noch etwas habe ich dabei gelernt.«

»Was denn?«

»Ich weiß nun, daß ich den Lastschlitten verändern

muß. Jetzt ist er nicht mehr als ein aus Zeltpfählen zusammengebundenes Gestell, dazwischen die Zelthäute, in denen wir unser Hab und Gut befördern. Ich werde in diesem Winter Schlitten bauen, die etwas höher sind und die auf abgeplatteten Baumstämmen gleiten. Vielleicht kann ich aus Elchgeweihen Gleiter für unsere Füße herstellen. Dann sinken wir nicht mehr so tief in den Schnee ein und kommen schneller vorwärts.«

»Du mußt noch mehr Rentiere zähmen, Reffo.«

Reffo nickte. »Auch das!«

Als er sich so ganz entspannt mit dem alten Var unterhielt, konnte Reffo es doch nicht lassen, die Frage zu stellen, die er schon so lange auf dem Herzen hatte.

»Am schwierigsten von allem war es, das Sommerland zu verlassen, während mein Vater noch blieb. Ich wußte, was mir drohte, ich wußte, daß er mich verstoßen würde, weil ich mich nicht den Regeln unterwarf, aber ich konnte nicht anders. Var, du hattest Vertrauen zu mir. Warum hast du mir nicht geholfen?«

Var antwortete nicht sofort. Er legte Holz nach, warf einen Blick auf den ruhig schlafenden Laki und setzte sich dann neben Reffos Schlafplatz auf einen großen Stein.

»Ich habe gehört, wie du die Jagd auf die frisch geborenen Kälber verurteilt hast, ich habe dich mit dem jungen Rentier bei der Arbeit gesehen. Ich wollte abwarten, was du erreichtest.«

»Das weiß ich. Du hast dafür gesorgt, daß ich nicht gänzlich ausgestoßen wurde. Aber wo warst du denn, als ich im Sommerland vor dem schwierigen Entschluß stand, als die Rachendasseln kamen?«

»Ich hätte dich verteidigen können. Ich hätte bei Bole vielleicht dafür sorgen können, daß auch er früher vom See aufbrach. Aber ich wußte, das wäre nicht gut. Ein

Mann wie du ist ein zukünftiger Anführer, der seine eigenen Entschlüsse fassen muß, ohne daß ein anderer ihn verteidigt. Eine Weile fürchtete ich, du würdest dich nicht trauen. Ich glaube, daß ich dir einen Dienst erwiesen habe, als ich dir nicht bei deinem Entschluß behilflich war.«

Reffo versuchte, den alten Mann zu verstehen. Einige Worte behielt er im Gedächtnis: zukünftiger Anführer? Was meinte der alte Priester? Es war doch für jedermann vollkommen klar, daß Reffo nicht der neue Stammeshäuptling werden konnte, das war undenkbar.

Nachdem Var nochmals kontrolliert hatte, ob Laki wirklich schlief, sagte er leise: »Ich erwarte viel von dir. Nicht als Stammes- oder Jagdführer, sondern als Erfinder. Das einzige, was du brauchst, ist Zeit.«

Bevor Reffo sich von seiner Überraschung erholen oder etwas fragen konnte, stand Var auf. Er schlug den Vorhang zurück und ging in den dunklen Abend hinaus. Reffo blieb in höchstem Erstaunen zurück.

Sobald Reffo einigermaßen hergestellt war, zog er wieder in sein altes Zelt. Boles Leute waren zwar nun an das Rentier gewöhnt, aber es war trotzdem besser, daß er es in seinem eigenen Zelt hielt.

Reffo bekam viel Arbeit. Wenn die Männer von der Jagd heimkehrten, gingen sie meist zuerst zu ihm, um ihre beschädigten Pfeile reparieren zu lassen. Reffo ließ einige kleinere Jungen im Wald gerade Äste suchen, um gebrochene Schäfte zu ersetzen. Einen großen Teil des Tages war er mit dem Ausbessern der Pfeilspitzen, stumpf gewordener Klingen und Messer beschäftigt. Er hatte nicht mehr viel Zeit, die Gerätschaften zu verzieren, brachte aber auf Bitten hier und da die Eigentumssymbole an. Das

Werkzeug, das er in diesen Tagen am meisten benutzte, war sein alter Druckstein. Das Bild, das er damals in der Einsamkeit eingeritzt hatte, begann am Kopf schon ziemlich unansehnlich zu werden.

Laki lag noch immer in Vars Zelt, wo er täglich von Oena versorgt wurde.

Lakis Übermut war verschwunden. Seine Selbstsicherheit hatte gelitten, und auch seine alte Fröhlichkeit war noch nicht wiedergekehrt. Er hatte das Gefühl, das Gesicht gegenüber dem Mädchen verloren zu haben, auf das er Eindruck machen wollte. Ein einziges Mal sprach er darüber.

»Ich hatte dir das weiße Rentier versprochen, Oena, weißt du das noch? Aber es ist mir nicht gelungen, es zu erlegen. Als ich es fast hatte, hat mich das Unglück ereilt.«

Sie reichte ihm einen hölzernen Napf mit Marksuppe. »Was macht das denn aus? Meinst du, daß ich eine weiße Felljacke für so wichtig halte? Ich kann gut ohne sie auskommen.«

Er beließ es dabei, denn er fühlte, wie sie sich von ihm abwandte, und das konnte seine Eitelkeit nicht ertragen. Obwohl sie ihn hervorragend versorgte, entstand keine Vertrautheit zwischen ihnen. Vielleicht lag es daran, daß sie ihn so vollkommen hilflos gesehen hatte. Er, früher der Schnelle Laki und nun ein sich langsam erholender Kranker, dem sie mit ihren Tränken und ihrer Pflege auf die Beine helfen mußte. Das war kein angenehmer Gedanke.

Oena tat, was in ihren Kräften stand. Sie versorgte täglich die langsam heilende Wunde, sie achtete darauf, daß er genügend aß und wieder etwas Fleisch ansetzte. Sie brachte ihm nach jedem Jagdtag den Mageninhalt eines erlegten Rentiers und einen Trank aus Hagebutten, beides erfrischte ihn sehr. Aber sonst wich sie ihm aus. Nichts lag ihr ferner, als Laki zu ermutigen, in ihr seine zukünftige Frau zu sehen.

Auch Gorm hatte sich stark verändert. Beim Lagerfeuer am Abend sprach er nur selten. Er prahlte nicht mehr mit seiner Beute, obgleich er täglich eine Menge heimbrachte. Er war launisch und mied seine alten Kameraden.

Obwohl im Herbstlager noch oft über das seltsame Unglück gesprochen wurde, waren alle davon überzeugt, daß der wahre Hergang niemals ans Licht kommen würde. In dieser Hinsicht fühlte sich Gorm ein wenig ruhiger. Wer sollte jemals erfahren, was geschehen war, wenn er, der einzige, der die Wahrheit kannte, kein Wort darüber sagte?

Wegen der überreichlichen Beute waren alle im Lager vollauf beschäftigt. Die Frauen hatten nicht Hände genug, die Häute sauberzuschaben, sobald die älteren Männer die Tiere auseinandergenommen hatten. Überall standen Gestelle, auf denen die Häute zum Trocknen ausgespannt wurden. Mit ausgekochter Birkenrinde wurden sie gegerbt.

Ein großes Zelt wurde zum Räuchern hergerichtet, um das Fleisch vor dem Winter haltbar zu machen. Die alten Männer schlugen die Knochen der erbeuteten Tiere entzwei, damit man das Mark herausnehmen konnte, aus dem die Frauen die Marksuppe kochten. Man lagerte das Fett für den Winter, säuberte die Sehnen und machte daraus Nähzeug und Lassos.

Reffo schnitzte Harpunen und Pfrieme aus Knochen, verarbeitete Geweihstücke zu Beilen und unterwies einige Jungen in seinem Handwerk. Var bereitete sich auf das große Dankopferfest für die Urmutter vor.

Nach der Brunftzeit teilten sich die großen Rentierherden wieder in kleine Rudel. Das war das Zeichen dafür, daß nun auch die Herbstjagd bald zu Ende ging. Nachts schallte das Geheul der Wölfe aus dem angrenzenden Wald unangenehm herüber.

Auf einem der letzten Jagdzüge erlegte Gorm mit seiner Harpune einen schweren Bock. Es war ein starkes, gut genährtes Tier, das noch ein Stück weit fliehen konnte, obwohl der Schaft der Harpune ihm zwischen den Beinen baumelte. Gorm verfolgte es mit seiner Steinklinge als einziger Waffe. Es erstaunte ihn, daß sich das Tier nicht die Beine brach und daß es noch soviel Schnelligkeit entwickelte, daß er kaum mitkommen konnte. Doch das Rentier war dem Tode geweiht und stürzte endlich nieder, als der Schaft der Harpune an einem Birkenstamm hängenblieb. Als es noch einen verzweifelten Versuch machte, sich loszureißen, brach der Schaft, aber da war Gorm schon bei ihm und tötete es.

Es war eine prachtvolle Beute, die Gorm erst, nachdem er einige junge Jäger zu Hilfe gerufen hatte, ins Lager bringen konnte.

Wie es üblich war, brachten alle ihre beschädigten Waffen abends zu Reffo.

»Schade um deine Harpune«, sagte er zu Gorm. »Zum Glück habe ich einige gute Äste, die ich verwenden kann. Ich werde deine Harpune neu befestigen.«

Am folgenden Morgen betrachtete er beim hellen Tageslicht die Überbleibsel von Gorms Waffe. Die knöcherne Harpune war heil geblieben. Aber darum ging es nicht. Er mußte sie an einem neuen, gut geglätteten Schaft befestigen. Sorgfältig wählte Reffo einen geeigneten Ast, befreite ihn von allen Auswüchsen und schälte ihn mit seiner Klinge blank. Das war ein mühsames Verfahren.

Reffo hielt nichts von überhasteter Arbeit. Jedes Gerät, jede Waffe, jedes Stück, das aus seiner Hand kam, mußte von bester Qualität sein. Als er mit der Glätte des Schaftes zufrieden war, maß er sorgfältig die Länge und spleißte die Spitze, befestigte sie und umwickelte sie fest mit dem Lederriemen. Er war zufrieden mit seiner Arbeit. Er stand von seinem Platz auf und prüfte, ob die Waffe gut in der Hand lag. Bildete er es sich nur ein, oder war der Schaft tatsächlich etwas plumper als der andere?

Er bückte sich, um das Reststück des gebrochenen Schafts aufzuheben und die Dicke zu kontrollieren. Tatsächlich war es etwas schlanker, etwas leichter. Während seine Hand tastend über den alten Schaft fuhr, spürte er, wie seine Finger in eine ganz leichte, kaum sichtbare Vertiefung glitten, in die sie genau paßten. Das gab ihm einen Anhaltspunkt. Er maß auf dem neuen Schaft genau denselben Abstand ab, um nun auch dort die kleine Vertiefung anbringen zu können. Aber während er damit beschäftigt war, meldete sich bei ihm undeutlich eine Erinnerung. Er schloß die Augen und dachte intensiv nach.

Er sah ein dunkles Zelt vor sich, ein Feuer, über dem ein Moorhuhn geröstet wurde, damit der verwundete Laki etwas zu essen hatte. Das Bild versetzte ihn in eine zurückliegende Zeit. Sie hatten sich erneut und zum wiederholten Mal in Lakis Unglücksfall vertieft. Er, Reffo, hatte gesagt, daß es sich unmöglich um einen Raubüberfall handeln konnte, weil Laki schließlich noch alle seine Waffen besaß und für die verschwundene eigene Harpune immerhin die Harpune des Angreifers zurückgeblieben war.

Was hatte Laki genau geantwortet?

»Ich hatte eine ausgezeichnete Harpune... sie lag so gut in der Hand. In der Mitte, wo ich sie immer hielt, waren einige Kerben, in die meine Finger genau hineinpaßten.«

Reffo brach der Schweiß aus. Er nahm den gebrochenen Schaft noch einmal in die Hand und ließ die Finger über das glatte Birkenholz gleiten. Dann wußte er mit bestürzender Sicherheit, wer Laki überfallen hatte.

Das Urteil

In Boles Zelt saßen sie beieinander, der Priester, das Stammesoberhaupt, die Leiter der Familiengruppen. Reffo hatte seinen Bericht erstattet.

»Es muß ein Exempel statuiert werden«, stellte Bole fest. Er war rot vor Zorn. »Was hier geschehen ist, muß ein für allemal so bestraft werden, daß es sich niemals wiederholen kann. Gorm muß die Todesstrafe erhalten.«

Einige Familienmitglieder nickten zustimmend. Der Leiter von Gorms Gruppe konnte sich nicht entschließen.

Er versuchte, seinen Mann zu retten, und sagte: »Er hat ein Recht darauf, seinen eigenen Bericht zu geben. Er muß sich verteidigen können. Es muß einen Grund dafür geben, daß er sich so verhalten hat. Niemand ermordet ohne Grund einen Stammesgenossen, und wenn er noch so schlecht mit ihm auskommt.«

»Wenn wir verhindern wollen, daß diese Angelegenheit mit dem Auseinanderbrechen des Stammes endet, müssen wir unseren Beschluß sehr sorgfältig fassen«, sagte Var. »Wir müssen genau wissen, was Gorm dazu gebracht hat, Laki nach dem Leben zu trachten.«

»Er war hinter einem Rentier her«, sagte jemand. »Und Laki hatte es auf dasselbe Rentier abgesehen. Beide Männer wollten mit der Beute dasselbe, sie wollten Eindruck machen auf eine Frau.«

»Ich dulde keinen Stammeskrieg um eine Frau!« Bole regte sich erneut auf. »Ich bin alt, ich muß mein Amt einem jüngeren Mann übertragen. Ich möchte nicht im letzten Herbst meiner Tätigkeit Zeuge eines Stammeskrieges um eine Frau sein.«

»Heute noch muß Gorm gehört werden«, sagte Var. »Wir sind alle zu sehr erregt über diese Sache, um darüber schweigen zu können. Und wenn außerhalb unseres Kreises bekannt wird, was Gorm auf dem Gewissen hat, ist der Streit in der Gemeinschaft schon nicht mehr zu vermeiden. Reffo, hol Gorm herbei, aber laß ihn nicht wissen, warum wir ihn rufen.«

Reffo traf Gorm bei den Männern, die damit beschäftigt waren, das am vorigen Tag erlegte Rentier zu enthäuten. Völlig arglos ging Gorm mit ihm. Er hatte etwas von seiner alten, hochmütigen Haltung zurückgewonnen, seit er den mächtigen Bock erlegt hatte. Er konnte nicht voraussehen, was ihn in Boles Hütte erwartete.

Der Abend senkte sich über das Herbstlager am Opfersee. Wie immer versammelten sich die Menschen, sobald es dunkelte, am großen Lagerfeuer. Aber zu jedermanns Erstaunen fehlten alle Familienleiter.

»Sie sind in Boles Hütte wegen einer wichtigen Sache zusammengekommen«, wußte Losse zu erzählen. »Ich sah, wie auch Gorm und Reffo hingingen. Sie sahen beide sehr ernst aus. Ist da vielleicht was los?«

»Kümmere dich nicht um Sachen, die kleine Mädchen nichts angehen«, scherzte Oena. »Tu mir einen Gefallen und bring Laki diese Suppe.«

»Laki findet es bestimmt netter, wenn du sie ihm bringst«, Losse konnte die Bemerkung nicht unterdrükken. Oena sollte doch nicht denken, daß sie völlig ahnungslos war.

»Eben deshalb!« Oena lachte. »Los, geh jetzt. Gleich kriegst du auch etwas Leckeres von mir. Ich habe Pilze vorbereitet.«

Über dem Lager leuchtete hell der Mond. Nach Sonnenuntergang frischte der Wind auf, er brachte schon eine Ahnung von winterlicher Kälte mit. Wie lange dauert es noch, bis wir zum Treck aufbrechen? fragte sich Oena. Obwohl sie sich jeden Winter auf die Zeit im Sommerland freute, sehnte sie sich jetzt doch auch ein wenig nach den Wintergrotten. Der Sommer war lang und warm gewesen. Alle waren gut ernährt und gingen nach dieser erfolgreichen Herbstjagd mit überreichen Vorräten in den Winter. Wenn es kalt wurde, fand man besseren Schutz in den warmen Grotten als in einem feuchten Zelt. Bevor das Lager abgebrochen wurde, sollte noch ein Opferfest stattfinden, und bei diesem Opferfest wurden auch die neuen Verbindungen durch den Priester besiegelt.

Oena war ziemlich sicher, daß sie dieses Jahr noch nicht dabei war. Lange hatte sie damit gerechnet, Gorms Frau zu werden. Aber jetzt wußte sie mit einer erstaunlichen, unerklärbaren Sicherheit, daß sie das nicht mehr wollte. Außerdem war sie davon überzeugt, daß er sich um Haja als Frau bemühen würde. Wenn er mit Boles Tochter eine Familie gründete, war seine Aussicht bestimmt größer, später der Anführer zu werden. Sie war davon überzeugt, daß dieser Gedanke bei ihm den Ausschlag gab. Gorm spielte in ihrer eigenen Zukunftserwartung keine Rolle mehr.

Aber genauso sicher war sie, daß sie auch nicht auf Lakis Annäherungsversuche eingehen würde. Aber was wollte sie denn nun wirklich?

Sie ließ sich alle jungen Männer, die für eine Verbindung in Frage kamen, durch den Kopf gehen. Ake und seine Brüder, dann die jungen Männer aus anderen Gruppen, aber sie fand sie allesamt nur durchschnittlich. Der eine war etwas stärker oder schneller als der andere, ein besserer Jäger, eine ansehnlichere Erscheinung. Was bedeutete das schon?

Aber was willst du denn nun wirklich? Etwas Besonderes, etwas anderes, etwas Entscheidenderes als die Tatsache, daß ein junger Mann auf dem einen oder anderen Gebiet der Beste seines Jahrgangs war.

Was war wichtig beim Zusammenleben? Schnelligkeit? Erfolg bei der Jagd? Äußerlichkeiten?

Oena hatte in Gedanken schon alle Altersgenossen Revue passieren lassen, als sie plötzlich bei Reffo anhielt, dem umstrittenen Gerätemacher. Während sie über ihn nachdachte, sah sie ihn nach und nach in einem anderen Licht. Reffo war tatsächlich anders. Er legte keinen Wert auf Jagdruhm. Er dachte über wirklich wichtige Dinge nach. Er hatte etwas, das die anderen seines Alters bestimmt nicht besaßen. Und was für sie sehr wichtig war, er wagte es als einzelner, einen weitreichenden Beschluß zu fassen. Er hatte den Mut, für seine Meinung einzutreten und Opfer zu bringen, falls das erforderlich war. Er versteckte sich nicht in einer Gruppe, er suchte keine Rechtfertigung in der Meinung der Masse.

Oena wurde aus ihren Überlegungen durch Losses Rückkehr aufgeschreckt. »Laki hat seine Suppe aufgegessen«, berichtete sie. »Und denk mal, Oena, er ist aufgestanden. Er konnte auf seinem verwundeten Bein stehen. Ich habe es selbst gesehen.«

»Das ist eine gute Nachricht«, sagte sie fast gleichgültig. Ihre Gedanken waren nicht bei Laki, sondern in Boles Zelt, wo alle Anführer zusammengekommen waren. Was war da los?

»Ich hatte es nicht beabsichtigt. Es war ein Unglück!«

Gorm war nur noch ein Schatten seiner selbst, als er sich jetzt vor dem Rat der Alten verantworten mußte. Er hatte keinen Versuch unternommen, die Tatsachen abzuleugnen. Stotternd hatte er erzählt, wie er verhindern wollte, daß der Schnelle Laki das Rentier erwischte. Niemand unterbrach ihn, alle hörten der armseligen Verteidigung des Mannes zu, der überall als ein zukünftiger wichtiger Führer angesehen worden war. Was blieb nun von dem bewunderten Bärentöter übrig?

»Ich schleuderte meine Harpune auf das Rentier, ich wollte Laki nicht treffen...«

Ein Windstoß fuhr durch die Rauchluke. Die Feuerglut fiel auseinander, Funken sprühten auf. Wie aus weiter Ferne drangen Stimmen aus dem Lager herüber, sie klangen wie aus einer anderen Welt.

In der eisigen Stille, die in Boles Hütte herrschte, ließ Gorm seinen Blick über die auf der Bettbank sitzenden Männer wandern. Er endete bei Bole, dem Mann, der das höchste Amt innehatte und das Urteil fällen würde.

»Ich bin kein Mörder.«

Das klang wie ein Hilfeschrei.

Var war es, der die unheilvolle Stille durchbrach. Der alte Priester mit seiner Begabung, unausgesprochene Gedanken lesen zu können, verstand besser als Bole, besser auch als jeder andere in dieser Stammesgemeinschaft, was in einem Menschen vorgehen konnte. Er wußte, daß kein Mörder vor ihm stand, sondern ein eitler, von Eifersucht getriebener Mann. Solch ein Mann konnte im Stamm eher als jeder andere Zwietracht hervorrufen. Gorm war eine Gefahr für die Gemeinschaft, nicht weil er ein Mörder war, sondern weil er Zwietracht säte.

Var fühlte, daß sich Boles aufgestaute Wut jeden Augenblick in einem vernichtenden Urteil entladen konnte. Auch das konnte für den Stamm gefährlich sein. Der alte Priester versuchte, die gefährliche Situation in der Hand zu behalten.

»Wir wissen, daß du kein Mörder bist«, sagte er, als ob nicht Bole, sondern er der Anführer sei. »Aber du bist eine Gefahr für den Stamm, nicht wegen deiner Leidenschaft und Unbedachtsamkeit, sondern wegen deiner Feigheit!«

Das letzte Wort traf Gorm wie ein Faustschlag. Ehe er etwas entgegnen konnte, fuhr Var fort: »Ich glaube deiner Aussage, daß du nicht die Absicht hattest, Laki zu töten, daß du ihm nur das weiße Rentier nicht gönntest. Wie unmännlich das auch ist, es ist noch entschuldbar. Aber unentschuldbar ist die Feigheit, mit der du dich den Folgen deiner Tat entzogen hast. Du warst zu feige, die Harpune aus Lakis Körper zu ziehen. Du bist weggelaufen, ohne nachzusehen, ob er noch lebte. Du bist vor der Verantwortung geflohen und ließest deinen Stammesgenossen fast umkommen!«

Vars Stimme klang nun schneidend: »Gorm, der sich der Bärentöter nennen ließ, ist nicht mehr als ein feiger Hase.« Die Männer auf der Bettbank nickten. Bole öffnete den Mund, weil er etwas sagen wollte. Var erkannte die Gefahr und sagte hastig: »Geh fort! Wir werden beraten, was weiter mit dir geschehen soll!«

Als der Vorhang hinter Gorm zufiel, begannen alle zugleich zu sprechen, aber die Gefahr eines zu schnellen Urteils mit allen seinen Folgen war gebannt.

Während in Boles Hütte über Gorms Zukunft beraten wurde, schlich sich der Bärentöter hinaus in die dunkle Nacht.

Das Herbstlager ging dem Ende zu. Es fiel wieder Schnee, er bedeckte die Landschaft mit einer festen, weißen Decke. Die fieberhafte Geschäftigkeit war beendet. Die Beute war verarbeitet. Die Frauen hatten eine Unmenge Beeren getrocknet, um sie als Winternahrung haltbar zu machen. Oena hatte Rentierhufe und Knochen ausgekocht, um mit dem Fett die behaarten Felle geschmeidig zu machen, Mare hatte viele Häute gegerbt, indem sie sie nach der Entfernung der Haare mit einer Abkochbrühe aus Birken- und Weidenrinde behandelt hatte, und Losse hatte mit endloser Geduld die Sehnen zu brauchbarem Nähmaterial gezwirnt.

Zwei junge Rentiere, im letzten Frühjahr geboren, standen, an Pfählen gebunden, neben Reffos Rentier. In den Wintergrotten gab es Zeit genug, sie zu zähmen, eine weitere, nun allgemein anerkannte Aufgabe für Reffo.

Einen Tag nachdem Gorms Schuld offenbar geworden war, erstattete Var einen Bericht über das Unglück mit Laki. Er sagte, der Rat der Ältesten habe auf seinen Vorschlag hin beschlossen, den Bärentöter in die Verbannung zu schicken, damit der Stamm nicht in Gefahr gerate, in Zwietracht auseinanderzufallen.

Zunächst waren einige noch dafür, Gorm zu töten.

»Nein«, sagte Var, »er geht noch diese Nacht weg. Er darf seine Waffen mitnehmen und ein kleines Treckzelt.

Fünf Winter lang ist er vogelfrei, wenn er sich in unserem Jagdgebiet sehen läßt.«

Am nächsten Morgen war der Bärentöter verschwunden. Niemand hatte ihn weggehen sehen.

Gorms alte Anhänger fühlten sich von ihm betrogen. Schweigend und mit ernsten Gesichtern brachen sie zur Jagd auf und kehrten erst spät am Abend zurück. Es war, als ob sie eine Begegnung mit den anderen im Lager vermeiden und einem Gespräch über den peinlichen Vorfall ausweichen wollten.

Hajas kalte Augen waren dunkel vor Wut. Gerade jetzt, als man im Lager erkannt hatte, daß sie und Gorm ein Paar werden sollten, geschah dies. Sie empfand Gorms Verbannung als einen Schlag ins Gesicht, als eine ihr zugefügte Beleidigung. Keinen Augenblick zeigte sie Mitgefühl mit ihm, sie fragte sich auch nicht, ob er den Winter überstehen würde. Wer ihr begegnete, wurde angeschnauzt. In Boles Hütte ging man ihr aus dem Weg.

Nach dem großen Opferfest berieten die Ältesten über die Nachfolge Boles. Obwohl Sian der Nächsthöhere im Rang war, fiel die Wahl auf seinen jüngeren Bruder Orf. Auch Sian zählte nicht mehr zu den Jüngsten. Aber es war wichtig, daß der Stammesführer in der Kraft seiner Jahre stand.

Boles Gruppe, die nun zu groß geworden war, sollte sich auf dem Wintertreck in zwei Gruppen teilen, die kleinere unter der Führung eines jungen Jägers. Var und Reffo schlossen sich ihm an.

Reffo, der so lange geschmähte Werkzeugmacher, hatte in der Stammesgemeinschaft an Ansehen gewonnen. Es war nun wohl allen klargeworden, daß er nicht nur ein begabter Geräteehersteller, sondern auch ein begabter Erfinder von Dingen war, die für das Fortbestehen des Stammes von großer Wichtigkeit sein konnten. An einem der letzten Abende, als jeder sich schon für den bevorstehenden Aufbruch vorbereitete, besuchte Oena das etwas abseits stehende Zelt Reffos und seiner Rentiere. Sie hatte bei ihm für die viele Näharbeit in den langen Wintermonaten beinerne Nadeln bestellt, die er aus den Knochen wilder Schwäne herstellte. Für sie lag eine beachtliche Menge herrlich bearbeiteter Häute bereit, aus denen sie Kleidung, Schuhwerk und Zeltwände herstellen sollte. Sie verstand sich sehr gut auf diese Arbeiten.

Als Oena das Zelt betrat, saß Reffo am Feuer und schärfte ein Geweihbeil. Er legte sein Werkzeug sofort zur Seite und holte die geschliffenen Nadeln herbei.

Während sie eine nach der anderen betastete und die Schärfe der Spitzen mit dem Zeigefinger prüfte, jagten sich ihre Gedanken.

In wenigen Nächten verlassen wir das Lager, dachte sie. Erst im Frühling sehen wir uns wieder. Was kann in einem langen Winter nicht alles geschehen! Wie geht es nun weiter mit den jungen Rentieren? Welche Pläne hat Reffo? Var hat auf dem Opferfest neue Verbindungen feierlich bekräftigt. Reffo war nicht dabei. Was ist der Grund, daß er, der doch jetzt im richtigen Alter ist, keine Frau nimmt?

»Ich dachte, daß du, weil Gorm jetzt verbannt ist, vielleicht Lakis Frau werden wolltest.«

Das war wie eine Antwort auf eine unausgesprochene Frage.

»Ich habe Laki niemals gewollt.«

Es kam ihr seltsam vor, daß er, der sonst ihre Gedanken erriet, nicht gespürt hatte, daß sie Laki nicht wollte.

Seine Hand griff wieder nach dem Druckstein, mit dem er einen Schaber bearbeitete. Es schien, daß er etwas verlegen war.

Sie sah auf seinen rechten Zeigefinger, der über den glatten Druckstein glitt. Plötzlich sah sie, daß eine Figur in den Stein eingeritzt war. Ihr wurde ganz heiß. War sie blind gewesen? Wie kam es, daß sie, die gefühlt hatte, wenn mit Gorm etwas geschah, nicht bemerkt hatte, daß Reffo... Wie kam das? Es war, als ob auf einmal ein Funke übersprang. Eine Welt tat sich vor ihr auf, derer sie sich nie bewußt gewesen war.

Er lachte verlegen. »Ich kann dir kein weißes Rentierfell anbieten, Oena«, sagte er. »Aber ich habe ein lebendiges Rentier für dich. Ein treues Tier, das dir die Lasten tragen kann, das bald eine neue Art von Schlitten für dich ziehen wird, sobald ich ihn in den Wintergrotten gebaut habe. Var sagt auch, daß du und ich zueinander passen, daß wir gemeinsam dem Stamm von Nutzen sein können. Ich mit meinen Erfindungen, du mit deiner Kenntnis der Kräuter und deiner Heilkunst bei kranken Menschen...«

Er lege ihr den Druckstein in die Hand.

»Sieh, das ist ein Bild von dir. Ich habe es im Frühjahrslager gemacht. Ich habe es stets bei mir getragen, den ganzen langen, einsamen Sommer hindurch. Ich wußte, daß Gorm deiner nicht würdig war. Und ich habe auch nie recht geglaubt, daß dich jemand für ein weißes Rentierfell kaufen könnte.«

Die Spannung war gebrochen. Sie lachte hell auf. »Das hättest du mich wohl auch etwas früher merken lassen können«, sagte sie. Aber er hob abwehrend die Hand. »O nein, einen wichtigen Beschluß muß man selbst fassen. Du hättest es in diesen Tagen bestimmt gespürt, daß wir zwei zusammengehören, aber es wäre schade gewesen, wenn du es erst in der Wintergrotte gemerkt hättest. Nun kannst du noch mit mir auf den Wintertreck ziehen.«

Spät erst kehrte Oena zu Sians Zelt zurück. Der Mond stand hell am Himmel. Der Schnee knirschte unter ihren Füßen. Im Lager war es still. Am Rentierpfahl hob sich Vars Zelt dunkel vom Sternenhimmel ab. Am Himmelsbaum kräuselte sich noch ein Rauchschleier empor. Oena betrachtete ihn. Sie wußte, daß der alte Priester nun in Verbindung mit den Göttern stand. Sie fühlte sich wunderbar leicht und froh. Ihr Leben hatte an einem einzigen Abend eine völlig unerwartete Wendung genommen. In wenigen Tagen schon würde sie das Zelt Sians verlassen und mit Reffo in der neugebildeten Gruppe mitziehen. Das bisher vertraute Leben würde sich nun völlig ändern. Losse würde sie vermissen, und ihr würde Losse fehlen.

Aber der Gedanke, mit Reffo nun eine für den Stamm wichtige Aufgabe zu beginnen, wog das alles bei weitem auf.

Reffo war ein Mann, der nicht nur mit seinen Händen die schönsten Dinge herstellen konnte, sondern der auch nachdachte und manche Sachen entdeckte, die das Leben des Stammes bereicherten.

»Sich eine Weile an das Alte zu halten, kann gut sein«, hatte er an diesem Abend gesagt. »Aber wir müssen weiter. Zu lange stillzustehen ist Rückschritt.«

Oena fühlte sich stolz bei dem Gedanken, daß er mit ihr sein Leben teilen wollte, daß er in ihr die Mutter seiner zukünftigen Kinder sah und daß sie gemeinsam für die Zukunft des Stammes arbeiten würden.

Nachwort

Die Archäologie ist ein Fach voller Überraschungen. Lediglich aus Ausgrabungen erfahren wir, wie das Leben vor Beginn unserer Zeitrechnung gewesen ist, vor der Zeit der aufgeschriebenen Geschichte.

Aber Archäologie ist auch eine Wissenschaft, die sich fortwährend in Bewegung befindet. Manchmal können ganz neue, unerwartete Entdeckungen Veränderungen in einem seit vielen Jahren verfestigten Bild bewirken.

Das geschah vor kurzem, als der auf der Insel Texel lebende Kutterfischer Gerbrand Dros die Knochen, die er in den letzten Jahren aus der Nordsee geborgen hatte, dem zoologischen Analytiker Govert van Noort zur Verfügung stellte.

Govert van Noort untersuchte die Knochen. Sie schienen von Rentieren zu stammen und waren von Jägern bearbeitet, die um ungefähr 8500 vor Christus den Rentieren auf ihren Trecks über die Tundra folgten, die heute vom Wasser der Nordsee bedeckt ist.

Govert van Noort legte die von Gerbrand Dros stammenden Funde Ad Wouters vor, dem Mann, der alles über die Menschen aus der Altsteinzeit weiß. Beide Forscher gewannen ein neues Bild vom Zug der in der Vorgeschichte lebenden Rentiere und damit auch der Rentierjäger. Dieses Bild paßte vollkommen zu der Tatsache, daß bei den jüngsten Ausgrabungen von Niederlassungen der Rentierjäger aus der letzten Eiszeit immer wieder »regionfremder« Feuerstein gefunden wurde, der anders als der einheimische ist und Eigenschaften des Feuersteins aus dem Nordseegebiet hat.

Als Mitglied der Archäologischen Arbeitsgemeinschaft der Niederlande erregen derartige Entdeckungen immer meine besondere Aufmerksamkeit. Ich schreibe meine Erzählungen gern auf dem Hintergrund archäologischer Forschungen. Ausgehend von dem, was die Forscher Govert van Noort und Ad Wouters mir berichteten, habe ich das Leben unserer fernen Urahnen zu rekonstruieren versucht.

Um 8500 vor Christus, am Ende der letzten Eiszeit, war Europa noch bis ungefähr Hamburg mit Eis bedeckt. Die Niederlande waren eine große, fast baumlose Ebene, die Nordsee eine Tundra mit einigen großen Süßwasserseen. Die Tundra wurde von großen Strömen durchschnitten, die zum Teil in Seen mündeten.

Der Mensch, der damals unsere Heimat bewohnte, war Rentierjäger. Das heißt, daß er für seinen Lebensunterhalt vor allem vom Rentier abhängig war, das ihm so ziemlich alles für seine tägliche Existenz lieferte: Fleisch und Fett für die Nahrung; Häute für Kleidung, Schuhwerk und Zelte; Knochen und Geweihe für Werkzeuge und Waffen; Sehnen und Därme für Nähzeug und Lassos. Selbst die fetten, groben Fliegenlarven, die von den Jägern aus dem Fell der eben erlegten Rentiere gepflückt wurden, galten als äußerst schmackhaft, und ebenso war der halbverdaute Mageninhalt eines Rentiers eine besondere Leckerei. (Der Mensch brauche nämlich außer Fleisch auch Vitamine, aber der menschliche Magen kann keine Tundramoose verdauen – der Magen eines Rentiers wohl. Deshalb...)

Die Rentiere lebten nach einem bestimmten Wanderzyklus: Im Winter und im Sommer zogen sie in kleinen getrennten Rudeln, zweimal im Jahr versammelten sie sich zu riesigen Herden; im Frühjahr für das Werfen der

Jungen, im Herbst für die Brunft. Die Rentierjäger aus der Zeit um 8500 vor Christus folgten diesem Wanderzyklus.

Im Winter lebten sie in kleinen Gruppen in den Höhlen der Ardennen. Im Frühjahr und Herbst sammelten sie sich in großen Lagern u. a. im heutigen Brabant, in der Nähe des Gebietes, in dem im Frühjahr die Rentierkälber geboren wurden und im Herbst die Brunftkämpfe stattfanden.

Wenn sich die Rentiere nach dem Werfen der Jungen wieder in kleine Rudel aufteilten, folgten ihnen auch die Jäger in kleinen Gruppen.

In den kurzen Sommern war der Mensch nicht so unmittelbar vom Rentier abhängig. Es gab dann auch andere Nahrung: Fisch, Geflügel, wilde Beeren und Rüben als Bereicherung für die täglichen Mahlzeiten.

Aber der Aufenthalt in der Tundra dauerte niemals lang. Da durch die sommerliche Wärme die oberste Schicht der Tundra auftaute, wohingegen die Unterschicht stets gefroren blieb, entstanden in dem morastigen Land ungeheure Insektenplagen. Besonders die Rentiere fürchteten sich sehr vor Rachenbremsen und Dasselfliegen, die ihnen ihre Larven und Eier in die Nasenlöcher und auf die Haut legten. Sie flohen dann in kühlere Gebiete, wo weniger Wasser war – und der Mensch folgte dem Rentier. Im Herbst, in der Paarungszeit, kamen die Rentiere zurück nach Brabant, in die Gegend, in der im Frühling ihre Jungen geboren worden waren. Dort versammelten sie sich zu großen Herden.

Natürlich kamen dann auch die kleinen Jägergruppen wieder im großen Herbstlager zusammen, denn wo sich große Herden sammelten, wurde auch intensiv gejagt. Vor dem Winter teilten sie sich wieder in kleine Gruppen und zogen zu den Ardennen. Wer waren diese Jäger?

Nach wissenschaftlichen Erkenntnissen gehörten sie zur Rhein-Maas-Gruppe der sogenannten Ahrensburgkultur, es waren Menschen der Altsteinzeit, die noch keine Metalle oder irdenes Geschirr kannten. Ihre Werkzeuge aus Feuerstein haben die Archäologen oft bei Ausgrabungen gefunden. Sie sind in vielen Museen zu besichtigen. Einige Funde sind besonders wertvoll, so zum Beispiel der Druckstein mit dem Bildnis eines Renjägermädchens. Der Stein, der 1961 auf der Grenze von Geldrop und Mierlo entdeckt wurde und deshalb auch oft nach seinem Bild »Die Venus von Mierlo« genannt wird, trägt die erste jemals in den Niederlanden gefundene Abbildung eines Menschen. Er liegt im Nordbrabantischen Museum in s'-Hertogenbosch, zusammen mit Lanzenspitzen, Schabern, Pfriemen und Klingen, den typischen Werkzeugen der Ahrensburgkultur. 1988 wurde noch ein ähnlicher zweiter Werkstein entdeckt, mit der Abbildung eines tanzenden Mannes. Dieser Stein stammt aus Wanssum und ist im Museum von Venray zu besichtigen.

Die in unserer Erzählung abgebildeten Geweihbeile, die in der Wissenschaft Lyngby-Beile genannt werden, befinden sich in Privatbesitz.

Lange hat man geglaubt, daß der jährliche Rentier(jäger)zug ausschließlich in Nord-Süd-Richtung verlaufen sei. Heute wissen wir, daß es auch Lager von Renjägern am Ufer des großen Süßwassersees gegeben hat, der zwischen dem heutigen England und den Niederlanden lag.

Die Entdeckung auf dem Boden der Nordsee hat das Bild vom Rentier(jäger)zug ergänzt: Er zog entlang den großen Flüssen zwischen den Höhlen der Ardennen und dem Süßwassersee in der Nordsee hin und her.

In meiner Erzählung folge ich einem einzelnen Stamm von Renjägern auf ihrem jährlichen Treck. Ich versetzte mich in ihr Dasein – da erwachten tote Museumsgegenstände zum Leben. Sie erzählten mir vom Kampf des Mannes, der seinen eigenen Weg gegen die Meinung der Masse zu gehen wagte.

In allen Zeiten hat es »Entdecker und Erfinder« gegeben, Menschen mit Weitsicht, Menschen mit einer abweichenden Meinung. Wer sich »anders« als die Gruppe verhält, muß einen starken Charakter haben. Er ist auf jeden Fall einsam und wird sogar manchmal ausgestoßen. Und doch sind es diese Einzelgänger, die für das Weiterbestehen der Gruppe von Bedeutung sind. Dabei spielt es keine Rolle, ob es sich um die Steinzeit oder die Gegenwart handelt.

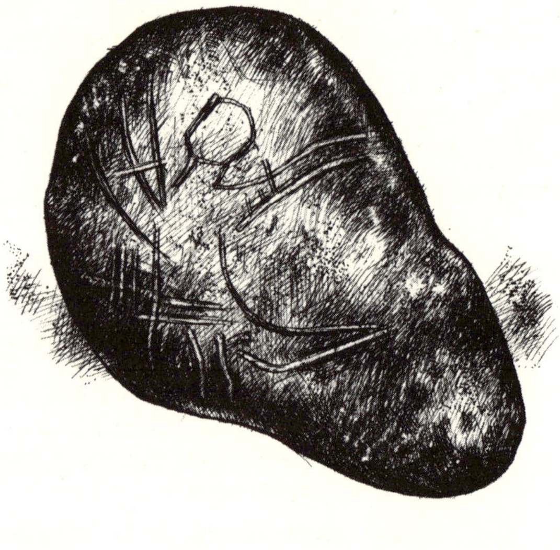

Unbekannte Namen und Ausdrücke

Brunftzeit: Paarungszeit der Tiere

Röhren: das Brüllen der Hirsche in der Brunftzeit

Dasselfliege: legt ihre Eier auf die Haut der Tiere, ihre Larven dringen in das Tier ein

Tragschlitten: Gestell für den Transport von Lasten, kann getragen oder gezogen werden

Druckstein: Werkzeug, womit die Rentierjäger durch Ausübung von Druck die stumpfgewordenen Klingen, Pfeilspitzen, Schaber, Bohrer und Stecher aus Feuerstein wieder anschärften oder reparierten

Der Große Strom: die heutige Maas

Harpune: auf einem Schaft befestigtes, mit einem oder mehreren Widerhaken versehenes Jagdgerät

Himmelsbaum: Pfahl, der aus dem Spitzdach des Priesterzeltes emporragte, um die Verbindung mit den Geistern zu unterhalten

Rachenbremsen: pelzig behaarte Fliegen, deren Larven sich im Nasen- und Rachenraum von Hirscharten entwickeln

Klinge: Schneidinstrument aus Feuerstein, Messer

Langzeithütte: Ovale oder runde Hütte, mit Rentierhäuten und/oder Birkenrinde bekleidet, in der die Renjäger während des Frühjahrs- oder Herbstlagers wohnten. Die Gestelle blieben stehen und wurden bei der Rückkehr erneut benutzt. Das Gerippe bestand aus Baumstämmen

Lemming: Nagetier aus der Familie der Wühlmäuse

gerben: das Verarbeiten von Häuten zu Leder

Lyngby-Beil: Geweihbeil, genannt nach dem Fundort Nörre-Lyngby in Dänemark

Stecher:	beitelartiges Gerät aus Feuerstein
Tundra:	Wort aus dem Finnischen; baumlose, offene Fläche
zwirnen:	das Zusammendrehen von Fasern, hier: von Sehnen für das Nähen oder zur Herstellung von Lassos
Feuerstein: (Silex, Flint)	eine sehr harte, gut spaltbare Gesteinsart; in der Steinzeit zur Herstellung von Waffen und Geräten benutzt
Sommerland:	die Tundra zwischen dem heutigen England und den Niederlanden, die nur im Sommer von den Renjägern aufgesucht wurde
Sonnenmeer:	Süßwassersee in der Tundra, jetzt von der Nordsee bedeckt
Rote Beeren:	Johannisbeeren
walken:	Lederherstellung, Kneten von Häuten

Die Liste der von der Autorin verwendeten Fachliteratur umfaßt 23 Titel in verschiedenen Sprachen. Sie ist auf Anfrage beim Verlag erhältlich.